당신은
어떻게
나이 들고
있습니까?

대한민국 나이듦 세계에 묻다

한 살 한 살 나이를 먹어가면서 노년의 나는 어떤 모습이며, '어떤 역할을 하면서 살고 있을까' 하는 궁리를 가끔씩 해봅니다.

나이 먹고서도 궂은일을 마다하지 않고 어린 사람들에게 예의를 갖추고 그들의 말에 귀 기울이며 앞서 걸어온 경험으로 조언을 건네는 영화 '인턴'의 주인공 로버트 드니로처럼 멋지게 나이 먹은 나를 상상하면 안도감이 절로 듭니다.

반면 '노인을 위한 나라는 없다'에 등장한 늙은 보안관 토미 리 존스마냥 변화를 따라가지 못해 살인자를 잡아내는 데 번번이 실패하고 그런 자신을 비하하는 무기력한 모습으로 변해 있는 나를 떠올리며 섬뜩한 두려움을 느끼기도 합니다.

이런 상상을 하는 이가 저 하나뿐이겠습니까. 그 누구도 미리 가본 적 없는 인생의 길을 걷는 것이니 막연한 기대와 우려가 혼재할 수밖에 없는 것이겠죠. 개인을 넘어 사회적 차원에서 보자면 한꺼번에 쏟아지는 노인인구와 그에 따른 가파른 고령화로 인해 낙관보다는 비관 쪽에 힘이 실리는 것도 사실입니다.

2022년까지만 해도 우리나라의 65세 이상 노인인구는 17.5%로 OECD 회원국 평균인 18.0%에도 못 미쳤습니다. 그러나 향후 5년 내에 그 비율은 초고령사회 기준인 20%를 넘어서고 2050년이면 세계 최고령국인 일본까지 앞지를 것이라는 전망이 나올 정도로 우리 나이듦의 속도가 유례없이 빠릅니다.

현실이 이런데도 우리 노인들의 빈곤율은 OECD 평균보다 2배나 높을 정도로 노후 소득이 불안정합니다. 현재 경제활동을 하는 세대들도 열 명 중 한 명 정도만 '노후준비를 잘하고 있다'고 답하고 있는 상황입니다.

이런 대한민국이 계속된다면, 지금의 빠른 고령화는 우리에게 공포스러운 미래일 수밖에 없습니다. 어떤 일이든 준비가 필요한 건 마찬가지겠지만, 준비되지 않은 나이듦은 더더욱 개인과 사회에 큰 부담이며, 나아가 재앙일 수 있습니다.

나이 든다는 걸 막연하게 두려워하고 염려하기보다는 준비하는 자세가 필요합니다. 그런 점에서 이 책은 나이듦에 대한 우리 모두의 인식을 짚어 보면서, 우리보다 앞서 초고령화 시대를 맞았던 세계 여러 국가들이 어떻게 이에 대처하고 있는지를 살짝이나마 들여다볼 수 있는 유익한 기회가 될 거라 믿습니다.

"백발은 영화의 면류관이라. 공의로운 길에서 얻으리라"라는 잠언서 16장 31절 말씀처럼, 의로운 길을 걸으며 나이든 사람은 영화로운 면류관을 얻은 것과 같습니다. 세상적으로 보자면 주변에 폐를 끼치지 않고 제대로 준비한 나이듦은, 무엇과도 바꿀 수 없는 영광된 지위인 셈입니다.

건강한 인생 이모작을 설계해보면서 지금부터 당장 땅을 다지고 밀알을 뿌리는 일을 준비해야 합니다. 영화로운 면류관을 쓸 수 있는 길을 함께 걸어갈 준비가 되셨나요.

– 이데일리 편집국장 이정훈

추 천 의 글

조규홍
보건복지부 장관

한국은 전 세계에서 보기 드문 저출산·고령화 현상과 인구 위기를 겪고 있습니다. 특히 고령화의 경우 노인 인구가 2024년 1,000만 명을 초과하고, 2025년 전체 인구의 20%를 넘어서는 초고령사회에 진입할 것으로 예상됩니다. 노인 비율이 14%인 고령사회에서 20%인 초고령사회로 도달하는 데에 영국 50년, 독일 36년, 미국 15년, 일본 10년 등이 소요된 것에 비해 한국은 7년에 불과한 빠른 속도의 고령화가 진행 중입니다.

노인 인구의 증가는 독거노인, 치매 환자 등 돌봄이 필요한 분들이 늘어나는 것으로 이어질 가능성이 높습니다. 이로 인해, 이분들을 돌보기 위한 사회경제적 부담의 심화가 예상됩니다. 특히 베이비붐세대가 본격적으로 75세 이상 후기 고령층으로 편입되는 2030년경이 될 경우 그 부담은 더욱 가중될 것으로 보입니다.

아울러, 한국은 고령화에 따른 사회적 요구에 부응하면서, 재정의 지속가능성과 세대 간 통합도 고려해야 하는 상황입니다. 국민연금, 기초연금, 경로우대 등 노인복지를 구성하는 다양한 정책들은 우리 사회 전반에 걸쳐 충분한 공감대가 형성되어야 하는 분야입니다.

이러한 상황에서 이번에 발간된 〈당신은 어떻게 나이 들고 있습니까?〉는 우리 시대가 마주하고 있는 문제를 해결하기 위한 실마리를 제공하고 있습니다. 한국과 고령화 선험국인 6개국에 대한 탐사 취재를 통해 우리가 처한 고령화 상황과 세계 각국이 고령화라는 인류적 과제에 어떻게 대응해왔는지를 세심하게 정리한 이 책은 초고령사회를 앞둔 우리가 고민하고 대비해야 할 문제들과 참고해야 할 해외 사례를 시의적절하게 제시하고 있습니다. 책이 의도하는 바와 같이 보다 객관적이고 균형 잡힌 토대위에서 미래를 위한 우리의 논의가 가능하도록 도움이 되길 기원합니다.

노인복지를 책임지는 보건복지부는 소득, 일자리, 건강, 의료, 돌봄, 요양 등 다양한 분야에 걸쳐 다가올 초고령사회를 준비하고 있습니다. 〈당신은 어떻게 나이 들고 있습니까?〉에 담긴 다양한 제언을 포함해 각계의 의견을 경청해 정책 수립에 참고하겠습니다.

신동근 국회의원
국회 보건복지위원회 위원장

이데일리의 연간 기획 묶음 서적 〈당신은 어떻게 나이 들고 있습니까?〉 출간을 진심으로 축하드립니다. 2023년 3월부터 11월까지 연재해온 연간 기획을 한 권의 책으로 묶어 대한민국의 미래를 준비할 수 있는 뜻깊은 자료를 마련해주신 이익원 이데일리 대표이사님과 관계자 여러분께 감사와 격려의 박수를 드립니다.

2025년이 되면 대한민국 인구 5명 중 1명이 65세 이상이 되는 초고령화 사회에 진입한다고 합니다. 이제 2년이 채 남지 않았습니다. 초저출생 상황을 우려하는 사이에 초고령화도 성큼 다가온 것입니다.

그러나 고령화의 속도에 비해 우리의 준비는 철저하지 못한 상황입니다. OECD 주요국의 2020년 기준 66세 이상 상대적 빈곤율은 대한민국이 40.4%로 미국(21.5%), 이탈리아(10.3%), 노르웨이(4.4%)와 비교해 압도적으로 높은 것도 이 때문입니다. 현재 삶에 만족하는 노인은 3명 중 1명을 약간 넘긴 34.3%에 불과합니다.

이런 상황에서 뉴질랜드와 프랑스, 덴마크, 일본, 쿠바 등에서의 행복한 노후 조건을 살피고, 그 사례를 통해 대한민국이 고령화의 미래를 대비해 어떤 준비를 해야 하는지를 정리한 이데일리의 연간 기획은 큰 의미를 가지고 있습니다.

연재물에서 기억에 남는 점은, 일본은 단기성이 아닌 다양한 어르신들의 생활 조건을 고려한 일자리 프로그램을 고려한다는 것이었습니다. 또, 뉴질랜드 노인들은 67%가 '행복하다'고 답변했습니다.

다가오는 고령화 사회에서 가장 중요한 것은 건강관리와 빈곤 해소를 통해 활력 있고 행복한 노년기를 보장하는 것이라는 목적을 다시금 새기게 되었습니다. 앞으로 정부가 노년기의 복지 문제를 잘 풀어내리라는 굳건한 신뢰가 형성되어야 그 누구도 노후에 대해 걱정하지 않는 미래로 나아갈 수 있을 것입니다.

대한민국이 나이듦에 대한 걱정 없이 행복한 노후를 맞기 위해서는, 고갈 위험이 없는 연금개혁과 함께 건강하게 살아갈 수 있는 사회시스템 구축이 무엇보다 시급합니다. 이데일리의 뜻깊은 서적을 통해 우리 사회가 당면한 과제를 점검하고, 보다 건설적인 방안을 모색할 수 있는 사고의 장이 열리기를 기대합니다. 저역시 국회 보건복지위원회 위원장으로서 어르신이 행복한 세상을 위해 최선을 다할 것을 약속드립니다.

다시 한번 〈당신은 어떻게 나이 들고 있습니까?〉 출간을 축하드리며, 나이듦을 고민하는 모두에게 이 책을 추천합니다. 이 지면과 함께해주신 모든 분들의 건강과 행복을 기원합니다.

감사합니다.

김영미

대통령 직속 저출산고령사회위원회 부위원장

백세시대, 초고령사회 진입을 눈앞에 둔 지금, 사람과 사회의 늙음에 대한 불안이 사회 전반에 만연하다. 지금 우리에게 필요한 것은 불안에 잠식되는 것이 아니라 사람과 사회의 나이듦에 대한 진지한 고찰이라는 지적은 깊은 울림을 준다. 그간 노화, 고령화를 막아야 할 '문제'로만 인식하고, 비용 문제 중심으로 접근한 우리의 사고에 일침을 가한다. 초고령사회 대응이 시급하나 '가속 사회'가 지금의 문제를 초래한 만큼, 지금 필요한 것은 속도를 내는 것에 앞서 방향과 관점을 점검, 재설정하는 것이다.

이 책은 이데일리 취재팀이 다양한 국가의 특색 있는 고령화 대응 경험을 깊이 있게 취재한 결과를 담았다. 2022년 기준으로 이미 초고령사회에 진입한 일본, 프랑스, 덴마크, 네덜란드와 노인 행복 국가로 잘 알려진 뉴질랜드, 쿠바까지, 기존에 소개된 바 없는 사례들이 풍성하게 담겼다. 이 국가들의 공통점은, 노화를 누구나 겪는 자연스러운 과정으로 받아들이고, 노인을 사회적 비용, 부담이 아닌 한 사람의 시민으로 존중, 지원하는 것을 정책의 밑바탕에 깔고 있다는 것이다. 길어진 삶에 맞춰 노동 수명을 연장하고 건강한 삶을 총체적으로 지원함으로써, 시민으로서 사회적 역할을 다할 수 있게 한다. 청년과 노인 세대가 함께할 수 있는 시간, 공간적 기회를 제공해 서로 이해하고 '윈윈(win-win)'할 수 있는 다양한 길을 모색한다. 다가올 초고령사회는 과거 기준에 맞춰 구축된 사회시스템의 리모델링과 인식의 전환을 요구하고 있다. 우리는 노인 연령 상향, 정년 연장 등 계속 고용, 연금개혁 등 변화를 위한 사회적 논의를 시작해야 한다. 제도 변화가 모든 사람의 삶에 영향을 미치는 만큼, 급격한 개혁이 아닌 사회적 합의와 협력을 통해 점진적 변화를 꾀해야 한다는 일본의 경험적 제언은 반드시 새겨야 할 부분이다.

현재 저출산고령사회위원회는 '세대 공존을 위한 지속가능 사회 기반 구축'을 고령사회 정책의 목표로 설정하고, 연령 통합적 사회로 가기 위한 전략을 수립 중이다. 고용·일자리 지원 강화, 의료-돌봄 연계 혁신, 고령 친화적 주거환경 조성, 고령 친화 기술 연계 사회서비스 혁신, 복지시스템 지속가능성 제고를 5대 핵심과제로 설정하고 추진 중이다. 이 책에 소개된 사례와 제언들은 향후 고령사회 정책 전략 수립에 반영할 것이다.

준비되지 않은 노후는 근심이 되지만, 충분히 준비하고 맞이하는 백세시대는 근심이 아닌 축복이다. 길어진 노후를 건강하고 활력 있게 살아갈 수 있도록 제도를 잘 설계하는 것은 국가의 중요한 책무이다. 노인 세대가 쌓아온 경험과 지식을 활용해 생산적인 활동에 액티브하게 계속 참여할 수 있는 정책적 기반과 사회환경을 정부, 기업, 민간이 협력해 만들고, 노인 돌봄에 혁신적 기술을 접목해, 돌봄의 질과 존엄한 삶을 보장한다면, 고령화는 노인의 삶을 풍요롭게 하는 동시에 새로운 성장과 사회혁신의 기회가 될 것이다. 지속가능한 나이듦과 한국 사회의 미래를 고민하는 사람이라면 꼭 읽었으면 한다.

목 차

1 REPUBLIC OF KOREA 🇰🇷

- ● 수도   서울
- ● 언어   한국어
- ● 화폐단위   대한민국 원(KRW, ₩)
- ● 면적   1,004만 3,184.94ha 세계109위(2021 국토교통부, FAO 기준)
- ● GNI(1인)   3만 5,990달러(2022, World Bank
  국민 계정 데이터, OECD 국민 계정 데이터 파일)
  * GNI(1인): 1인당 국민총소득

인구

🧍 단위: 명
출처: 통계청

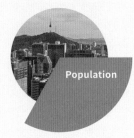

Population   2022년
51,628,117명

출산율

🧍 단위: 명
출처: 통계청 <인구동향조사>
＊ 출산율=가임여성 1명당 명

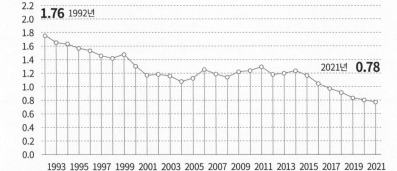

1.76 1992년

2021년 **0.78**

연령별 구성비

단위: %
기준: 2021년

● 0-14 ● 15-64 ● 65+

11.9%
71.5%
16.6%

기대수명

단위: 세   출처: 통계청 <장래인구추계>

＊ 기대수명=해당 년도 0세 출생자가 앞으로 생존할 것으로 기대되는 평균 생존 연수

👨 남자
👩 여자

1992
1993
1994
1995
1996
1997
1998
1999
2000
2001
2002
2003
2004
2005
2006
2007
2008
2009
2010
2011
2012
2013
2014
2015
2016
2017
2018
2019
2020
2021

86.8
2021년

80.9
2021년

연령별 구성비 30년 전/후

24.6%
70.0%
5.4%
1992년

→

11.9%
71.5%
16.6%
2021년

출처: 통계청 <장래인구추계>

유소년부양비와 노년부양비

👤 단위: 명(생산연령인구 100명당)
출처: 통계청 <장래인구추계>

● 유소년
● 노년

노령화지수
20 21
139.5명

출처: 통계청 <장래인구추계>
＊ 노령화지수=고령인구/
유소년인구 x 100

55
50
45
40
35
30
25
20
15
10
5
0

1992 1994 1996 1998 2000 2002 2004 2006 2008 2010 2012 2014 2016 2018 2020

＊ 유소년인구=0~14세, 생산연령인구=15~64세, 고령인구=65세 이상
＊ 유소년부양비=유소년인구/생산연령인구 x 100   ＊ 노년부양비=고령인구/생산연령인구 x 100

대한민국
나이듦

중간 점검

아이들이 대한민국의 미래라면 나이듦은 대한민국의 현실이다. 전 세계에서 가장 빠르게 초고령사회로 향하고 있는 대한민국은 나이듦을 얼마나, 어떻게 준비하고 있을까.

'저출산' '고령화'라는 키워드가 연일 뉴스를 장식하는 지금, 다소 늦은 감이 없지 않지만, 이제라도 대한민국의 '나이듦 준비'에 대한 중간 점검이 필요하지 않을까? 이데일리가 '2023 대한민국 나이듦' 연간 기획을 진행하고, 우리나라를 비롯한 7개국의 사회적 나이듦 준비에 대해 탐사한 이유다.

참고로 학계 등에서는 노화, 늙음이라는 용어 대신 '나이듦'이라는 표현 교체를 추진 중이다. 용어를 새롭게 정립하는 이유는 이제 나이듦에 대한 사회적, 경제적 관심과 준비가 필요하기 때문이다.

우리나라는 1990년대부터 사회적 고령화에 빨간불이 들어왔다.

하지만 이런 경고는 간과됐고 어느새 65세 이상 노인인구는 전체 인구의 17.5%(통계청, 2022년 기준)를 기록한 상태다. 앞으로 노인인구는 계속 증가해 2025년에는 20.6%로 초고령사회(65세 이상 인구 비중 20% 이상)로 진입할 것으로 전망되고 있다. 대한민국은 고령화 사회(7% 이상)에서 고령사회(14% 이상), 초고령사회(20% 이상)로 빠르게 진행하고 있다. 오스트리아 53년, 영국 50년, 미국 15년, 일본 10년 등이 걸렸던 것을 대한민국은 7년 만에 이룰 것으로 전망된다.

우리나라 노인인구 비중(2022년)

단위: %   출처: 통계청

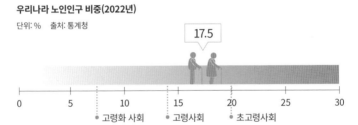

● **2030의 노후준비**

'나이 든 나'도 '오늘의 노인'도 멀게 느껴지는 현실

앞서 서술한 대로, 경고를 모른척해왔기 때문인지, 아니면 고령화 진행 속도가 예상보다 가파르기 때문인지, 현 시점에서 우리나라의 '사회적 노후준비' 현황은 갈 길이 멀어 보인다. '어떤 준비를 어떻게 해야 하는가?'에 사회적 합의도 요원한 상황에서 청년과 중년, 노년층의 세대 갈등은 점점 더 깊어지고 있다.

이데일리가 한길리서치에 의뢰해 '대한민국 세대 의식 국민 조사 (이하 세대 의식 설문)'를 실시한 결과 우리 사회에서 노인에 대한 인식이 어떤지 묻는 말에 국민 10명 중 약 7명이 부정적이라고 답했다.

특히, 30대 중 78.1%가 '노인에 대한 인식이 긍정적이지 않다'고 답하며 유독 부정적인 반응을 보였다. 이어 50대 71.5%, 40대

[전연령] 노인에 대한 인식은?

단위: %

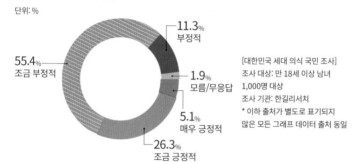

11.3% 부정적

55.4% 조금 부정적

1.9% 모름/무응답

5.1% 매우 긍정적

26.3% 조금 긍정적

[대한민국 세대 의식 국민 조사]
조사 대상: 만 18세 이상 남녀
1,000명 대상
조사 기관: 한길리서치
* 이하 출처가 별도로 표기되지
않은 모든 그래프 데이터 출처 동일

[전연령] 우리 사회의 세대 간의 갈등 정도는 어떠할까?

단위: %

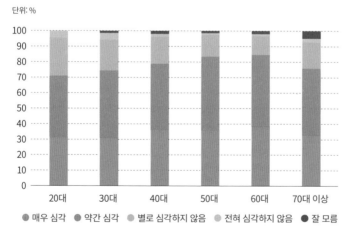

● 매우 심각 ● 약간 심각 ● 별로 심각하지 않음 ● 전혀 심각하지 않음 ● 잘 모름

69.8%, 20대 66.8%, 60대 62.3%, 70대 이상 48.9% 순으로 조사됐다.

노인에 대한 부정적 인식은 이처럼 본격적인 경제활동에 진입하는 30대와 지역별로는 부의 양극화 수준이 높은 서울 지역(75.5%) 거주자들이 가장 높은 응답률을 보였다.

한정된 자원배분으로 깊어지는 세대 갈등

MZ세대가 상대적으로 우리 사회의 노인에 대해 부정적 인식을 드러내는 원인으로 전문가들은 한정적 자원배분의 문제라고 분석한다. 노후를 위해 MZ세대가 특히 저축이나 부동산 등 재테크에 꽂힌 것도 이의 연장선으로 해석된다. 가파른 고령화는 한정된 자원배분의 문제로 '세대 갈등' 양상을 나타내면서 사회적 문제로 대두하고 있다.

1980년대 초 이후 출생한 MZ세대는 고성장기를 일궈낸 1960년대 출생 이후의 산업화 세대와 비교해 IMF 외환위기에 대한 각인으로 사회 진출 준비의 필요성을 일찍이 자각한 세대다.

가파른 성장기를 거치며 오늘의 한국을 만들었다고 자부하는 산업화 세대는 학력 수준은 높지 않지만 부동산 기득권이 됐다. 경쟁의 공정성을 중요하게 생각하는 MZ세대는 승자독식에 대한 부정적 인식도 강한 세대로, 기득권에 대한 부정적 인식도 높을 수밖에 없다.

빠른 고령화 속도도 한국 사회의 독특한 특성이다. 통계청에 따르면 전체 인구 중 만 65세 이상 인구가 차지하는 비율로 측정한 인구 고령화율은 2020년 15.7%로 2000년 7.2%에 비해 2배 이상 증가했다. 향후 2050년경에는 39.8%에 달할 것으로 통계청은 예상했다. 이 같은 인구 고령화 속도는 전 세계적으로도 가장 빠른 수준이다. 국제연합(United Nations, 이하 UN)의 보고서에 따르면 2050년 한국은 세계에서 고령인구 비율이 가장 높은 국가가 될 것으로 예측했다. 경제협력개발기구(Organisation for Economic Co-operation and Development, 이하 OECD) 가입국과 비교할 때 고령화율이 높은 것은 아니지만, 전례 없이 빠른 속도와 저성장이 맞물려 있다. 이는 청년 일자리와 국민연금 등의 관련 문제로 파생해 경제적 문제로 이어지고 있다.

황선재 충남대 사회학과 교수는 "향후 인구 고령화의 가속화 및 저성장의 고착화는 자원배분을 둘러싼 세대 간 형평과 갈등 양상을 고조시킬 가능성이 높아 이에 대한 본격적인 현실 진단 및 대응책이 필요하다"고 말했다.

'오늘'이 막막한 청춘에게 '노후'는 그저 먼 이야기

"사실 지금 사는 것도 급해서 상상해본 적은 없지만, 늙는다면 사고가 유연하고 열려 있는 할머니가 되고 싶어요." 프리랜서 이다정(30세) 씨처럼 이데일리가 만난 2030세대들은 모두 취업과 공부, 일 등 현재 문제 탓에 나이듦에 대해 생각할 틈이 없다고 말했다.

세대 의식 설문에서도 '가장 고민이 되는 것'에 대해 20대 절반 이상은 자기계발(56.1%)을 꼽았다. 본격적으로 사회에 진출해 일하거나 가정을 꾸리기 시작한 30대는 경제적 문제(주식 등 재테크 33.5%, 내 집 마련 28.9%)를 고민하는 비율이 가장 높았다. 노후는 먼 훗날의 일로, 현실적인 고민에 매진하고 있는 셈이다.

청년층의 고민은 인생의 '화양연화(花樣年華)' 시기를 묻는 질문에서도 드러난다. 인생에서 가장 아름답고 행복한 시기는 언제라고 생각하는지 묻자, 20대(53.2%), 30대(53.2%), 40대(35.6%) 모두 '20대'를 가장 높게 꼽았다. 주목할만한 점은 상당수의 60대가 화양연화 시기로 '현재(자신의 연령대, 21.6%)'를 꼽은 반면, 상당수 20대는 '그런 시기가 없다'고 답한 것이다.

홍형식 한길리서치 소장은 "60대 이상은 60대부터가 자기 책임을 다하고 진짜 자기가 하고 싶은 것을 할 수 있는 시기로 보기 때문"이라며 "20대는 20대 그 자체가 화양연화여야 하지만, '그런 시기가 없다'는 의견도 25.2%로 유독 다른 세대보다 많아 현재의 처지가 반영된 것으로 보인다"고 해석했다.

실제 2030세대는 주어진 현실을 살아가기에도 벅찬 모습이었다. 대학원생 허진영(27세) 씨는 "현실이 급급해 취업이나 커리어 개발에 정신이 없는데 이렇게 살면서 미래까지 떠올릴 순 없다"고 토로했다. 직장인 백모(32세) 씨도 "노후를 생각하면 노화와 빈곤 등으로 누군가의 도움을 구할 수밖에 없는 존재가 될까봐 두렵다"며 "지금도 월급의 3분의 1이 대출 이자로 나가는데, 홀로 노인이 되기엔 막막하다"고 말했다.

[전연령] 인생에서 가장 아름답고 행복한(화양연화) 시기는?

단위: %

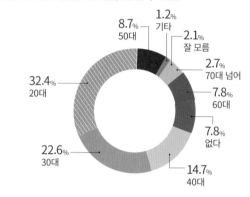

8.7% 50대
1.2% 기타
2.1% 잘 모름
2.7% 70대 넘어
7.8% 60대
7.8% 없다
14.7% 40대
22.6% 30대
32.4% 20대

<u>늙음을 이해해야 '나의 노년'을 그릴 수 있다</u>

한편, 노인과 청년층 사이 접점이 부족하다는 점도 세대 갈등의 한 요인이 된다. 대학생 김희진(25세) 씨는 "요양원 봉사활동과 지하철 등에서 노인을 마주하는 것이 전부라 생각하거나 평가할 수 없는 수준"이라고 말했다. 직장인 이주형(29세) 씨도 "평소 노인과 직접 대화하는 경우가 없다"며 "그러다 보니 일부 나쁜 경험이 부각되고, 자연스럽게 인식도 좋지 않은 방향으로 고착되는 것 같다"고 했다.

특히 노인에 대해 부정적인 인식은 나이와 권위를 바탕으로 고집을 앞세우는 모습을 보일 때 두드러지는 걸로 보인다. 이종수(29세) 씨는 "무조건 자신의 말이 맞다고 생각해 고함을 지르거나, 오히려 아이와 같은 모습을 보일 때는 부정적인 느낌이 든다"고 말했다. 직장인 정모(27세) 씨는 "타인의 얘기를 듣지 않고, 자기 삶만 정답인 사람 등 옛날에만 머무르고 있는 태도는 멋이 없다"고 했다.

반면, 보험사 지점장으로 일하는 이종수 씨는 "직업 특성상 노년층을 접할 일이 많은데, 65세 할머니께서 손자뻘인 나에게 '지점장님'이라며 존중해주셨을 때 이런 태도를 배워야겠다는 생각이 들었다"고 말했다. 프리랜서 김정후(27세) 씨는 노인복지관에서 봉사를 했던 경험을 들며 "할머니들이 '모른다'고 하는 대신 적극적으로 새로운 것을 해보고 싶어하는 모습을 볼 때 멋있었다"고 전했다.

이주형 씨는 매일 운동을 해 건강을 챙기고, 치매에 걸린 외할머니도 돌보고 있는 88세인 외할아버지를 롤모델로 꼽았으며, 이다정 씨는 86세가 된 외할머니를 롤모델로 설명하면서 "동거에 대해 개방적인 태도를 보이고, 다른 세대를 이해하는 맞장구를 치는 모습이 '멋있게 늙는 것'으로 느껴졌다"고 말했다.

위 사례들처럼, 노인과의 접점은 아직은 멀게 느껴지는 자신의 노년을 그려보는 데 도움이 된다. 하지만 시대가 빠르게 변하면서 2030 청년과 노인의 소통이 찾아보기 어려울 만큼 사라졌다. 만나지 않으니 청년은 노인과는 대개 교류를 맺지 않으며, 나이 듦에 대한 고찰의 필요성도 느끼지 못한다. 전문가들은 사회적으로 청년과 노인이 함께 생활할 수 있는 시간·공간적 기회를 확보하는 것이 양 세대가 '윈윈(win-win)'할 수 있는 길이라고 제언했다.

박승희 성균관대 사회복지학과 교수는 "늙음을 이해해야 젊음을 즐길 수 있는데 두 세대가 단절되면서 안타까운 사회가 됐다"며 "노인정과 양로원 등이 아니고서는 청년들은 쉽게 노인을 마주칠 기회가 없는데, 우선 아파트에 아동 보육시설이나 노인 보살핌 시설을 함께 들여놓는 등 물리적인 교류 공간을 확보하려는 사회적 노력이 필요하다"고 강조했다.

3대가 한 집에서 몸을 부대끼며 살아온 과거의 모습을 현대사회에서는 좀처럼 찾아보기 힘들다. 1인 가구, 핵가족 시대가 계속되면서 점차 조부모와 떨어져 지내는 시간이 길어진 데다, 명절 차례와 제사를 지내는 문화도 약해진 탓이다. 통계청에 따르면 2015~2021년 1인·2인 가구는 꾸준히 증가한 반면, 4인 가구는 꾸준히 감소했다. 2021년 1인 가구 중에선 '29세 이하'가 19.8%로 가장 많았다.

전문가들은 유튜브나 사회관계망서비스(SNS) 문화를 활용하는 등 시대의 흐름에 맞춰 청년들의 '니즈(Needs, 욕구)'를 파악해 자연스러운 '교류의 장'을 만들 수 있다고 한목소리를 냈다. 고전적인 지자체의 교류 프로그램으로는 더는 청년의 흥미를 끌 수 없는 데다, 억지로 만든 만남은 더 큰 부작용을 낳을 수 있어서다. 단순히 시설을 만든다고 해도 안 가면 그만이다.

석병훈 이화여대 경제학과 교수는 "코로나19 여파로 더욱 '비대면'이 익숙해진 청년들을 억지로 끌어내기보단 SNS나 유튜브를 활용해 소통하는 방법도 있다"며 "지자체 등에서 노인의 삶을 소개하는 문화 콘텐츠를 육성하거나, 이를 원하는 노인들에게 정부가 IT 교육을 강화해 지원할 필요가 있다"고 설명했다.

젊은 층에 인기를 끈 유튜버 '박막례 할머니'가 대표적인 사례다. 손녀딸의 도움을 받아 시작했지만 70대 노년 여성의 일상생활을 새로운 플랫폼을 활용해 가감 없이 영상에 담아 노인과 청년의 '대화의 장'을 직접 만든 주인공이다. 당장 화양연화를 즐기는 청년에게 나이듦은 먼 훗날의 이야기인데, 막연한 생각이나 노후대책에서 벗어나 박막례 할머니의 영상을 통해 '아름답게 나이 드는 법' '노인이 된 모습' 등을 구체적으로 고찰할 수 있는 계기가 되기도 한다.

'인생 선배'인 노인들과의 관계 맺음은 청년들 삶에도 분명 도움이 된다고 전문가들은 말했다. 이수진 서울대 소비트렌드분석센터 연구위원은 "일본에선 노인이 커뮤니티 공간에서 청년의 유아나 아동을 돌봐주면서 니즈를 채워준다"며 "노인이 청년의 '육아 고충'을 해결해주니 교류도 자연스럽게 이뤄진다"고 강조했다. 그러면서 "요즘 청년 고독사도 늘고 있는데 노인 멘토를 연결해 이들에게 조언을 해주는 방식으로 양 세대의 교류를 늘릴 수도 있다"고 덧붙였다.

● 4050의 노후준비
부모와 자녀 사이, '나의 노후'는 뒷전

미래의 내 모습을 그려보는 것 못지않게, 혹은 그 이상으로 중요한 점은 '미래의 나를 위한 준비'이다. 오늘을 사는 국민들은 미래를 위해 각자, 어떤 준비를 하고 있을까?
노후준비를 위해 무엇을 하고 있는지 묻는 세대 의식 설문에서 20대는 61.1%, 30대는 69.1%가 '저축이나 부동산'을 꼽았다. 이

는 386세대의 영향을 받아 시장경쟁에 부정적이며, 스펙을 덜
쌓아도 취업이 상대적으로 쉬웠던 X세대와 비교해 월등하게 높
은 수치다. 2030세대는 준비하는 것이 '없다'고 응답한 비율도
각각 21.1%, 21.6%로, 다른 연령대에서 이 비율이 10% 이하로
나타난 것에 비해 배 이상 높아 가장 극단적이었다.

노후준비에 가장 중요한 요소로 경제적인 면을 꼽기는 하나 당
장의 현실을 사는 데 급급해 미래를 준비할 여유가 없다는 점을
시사하기도 한다.

그런데 이런 실정은 비단 2030세대만의 이야기는 아니다. 소위
'낀 세대'로 불리는 베이비붐세대가 저물고, X세대가 기성세대가
되면서 대한민국 나이듦도 새판이 짜이고 있다.

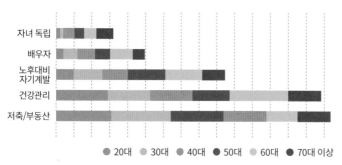

[전연령] 나이듦을 대비해 준비하는 것은?

단위: %   2가지 복수 응답 중 가장 답변이 많은 5항목

자녀 독립
배우자
노후대비
자기계발
건강관리
저축/부동산

● 20대 ● 30대 ● 40대 ● 50대 ● 60대 ● 70대 이상

부양과 봉양을 동시에 해야 하는 마지막 세대?

"세 아이 사교육비에 월 500만 원씩은 들어요. 아내와 제 한 달
수입의 40%가 넘죠. 이젠 부모님이 모두 돌아가셨지만… 어머

니가 뇌출혈로 식물인간으로 누워 계시고 아버지가 치매를 앓으실 때엔 부모님 돌봄에만 월수입의 80% 가까이 들었죠."

영어학원 강사로 일하는 김모(49세) 씨는 부부 맞벌이 소득이 적은 편이 아님에도 부모 봉양과 자식 양육으로 자기계발에 '투자'할 경제적 여력은 많지 않다고 했다. 김 씨 부부가 국민연금, 연금저축 등 노후준비를 위해 쓰는 돈은 월수입의 10% 수준이라고 했다.

김 씨만이 아니다. 주부인 김모(55세) 씨는 "우리는 마지막으로 부모를 봉양하고, 처음으로 자식에게서 봉양을 못 받는 세대"라고 탄식했다. 이데일리가 심층 인터뷰한 4050세대 10명은 대체로 이러한 인식을 갖고 있었다.

학생 자녀를 둔 4050세대는 특히 자녀 양육에 적지 않은 돈을 쓰고 있었다. 부모에게도 특별한 날의 용돈, 생활비 등 명목으로 경제적 지원을 한다고 했다.

하지만 부모 공경과 자식 사랑에도 불구, 이러한 '위아래' 돌봄을 한탄하는 이들도 있었다. 프리랜서로 일하는 홍모(56세) 씨는 "우리는 하기 싫어도 부모에 효도하고 봉양했지만 자식들은 자기 부부만 안다"며 "개인주의가 너무 퍼졌다"고 했다.

세대 의식 설문에서 40~64세를 대상으로 '현재 가장 고민이 되는 것이 무엇인지' 묻자, 40대는 1순위 고민으로 '자녀 교육과 양육'을, 2순위로 '노후준비 문제'를 꼽았다.

1997년 외환위기 이후 취업에 뛰어들면서 저주받은 세대로 불리는 X세대(1970~1980년대 초 출생)는 경제위기를 겪으며 이전

세대와 달리 독립을 늦추고 출산을 줄이는 등의 '선택'을 한 세대
다. 맞벌이 등을 통해 가구소득은 높지만, 스스로를 아직 젊다고
여기며 결혼과 첫 출산이 늦다. 노후준비는 '자녀 양육'에 가려
후순위가 될 수밖에 없다.

구체적으로 40대는 1순위 고민으로 '자녀 교육 등 양육'을 36.0%
로 꼽아 가장 높았고, 이어 건강 문제(18.9%), 소득(13.6%) 등으
로 나타났다. 2순위로 고민하는 것은 노후준비 문제가 21.2%로
가장 높고, 이어 소득(15.8%), 건강 문제(13.5%), 주택 구입 등
주거 문제(10.7%), 주식 등 재테크(10.3%) 순이다. 이데일리가
심층 인터뷰한 결과에서도 4050세대 시민들의 자녀 양육에 대한
부담이 드러났다. 자녀 세 명을 양육하는 영어학원 강사 김모(49
세) 씨는 사교육비에만 월 500만 원을 지출했고, 교육과 전반적
양육에만 600만 원가량을 썼다.

통계청에 따르면 다자녀가구의 월 지출액은 2023년 1분기 기준
639만 원으로, 무자녀까지 포함한 전체 가구 지출과 비교하면
큰 차이가 난다. 전체 가구 지출 388만 원보다 251만 원가량 높
고, 무자녀가구(276만 원)와 비교하면 2배 이상이다. 소득에서
지출을 뺀 흑자율도 다자녀가구는 26.0%로 전체가구 29.3%보
다 낮았다.

홍형식 한길리서치 소장은 "부모 봉양 부담이 높은 베이비붐세
대와 비교하면 봉양 부담은 낮지만, 40대는 만혼 추세로 자녀가
어려 '양육'에도 힘써야 하기 때문에 우리나라 40대의 노후준비
역시 미흡하다"고 말했다.

실제로 우리나라의 중년은 은퇴를 코앞에 둔 50대가 돼 서야 본격적으로 노후준비 문제를 고민하는 것으로 나타났다. 전반적으로 사회 진출 시기가 늦어지면서 40대 10명 중 7명은 스스로를 청춘이라 여겼다. 만혼과 늦은 출산으로 어린 자녀들 양육에 몰두하느라 노후준비 기간도 뒤로 밀리고 있다.

세대 의식 설문에서 40~64세를 대상으로 '나는 아직 청춘이라 생각하는가'라고 묻는 질문에 40대 69.7%가 '동의한다'고 답했다. 50대는 55.5%, 60대는 47.5%로 나타났다.

그렇다면, 자녀 교육과 양육에 대한 부담이 줄어드는 50대부터는 자신의 노후준비에 집중할 수 있을까?

베이비부머 중장년은 부모 부양, 자녀 교육, 노후준비라는 '삼중고'를 지면서 서서히 노인으로 편입되고 있다.

부모 봉양에 대한 부담을 연령별로 보면 40대는 '힘들지 않다'는 대답이 49.6%(전혀 힘들지 않다 15.2%, 별로 힘들지 않다 34.4%)로, '힘들다' 29.9%(매우 힘들다 7.4%, 조금 힘들다 22.5%)보다 큰 폭으로 높게 나타났다. 50대는 '힘들다'와 '힘들지 않다'가 각각 35.0%, 39.6%로 비슷했고, 60대는 '힘들다'가 33.7%로, '힘들지 않다' 22.8%보다 더 높다. 60대는 모시는 부모가 계시지 않는 경우가 전체의 42.0%로, 40대(20.5%), 50대(24.9%)보다 최대 2배 이상 높음에도 불구하고 부모를 봉양하는 경우 느끼는 부담 정도는 더 큰 것으로 조사됐다.

마지막 낀 세대의 실태다. 한국의 베이비붐세대는 한국전쟁 종료 후 출산율이 급증하기 시작한 1955년부터 산아제한 정책 도입으로 출산율이 둔화된 1963년에 걸쳐 있다. 57세부터 68세 나이로 노령연금을 수령하지 않는 60대는 소득 단절기의 부모 봉양 부담을 크게 느낄 수밖에 없다.

아울러 젊은 노인들은 공적연금의 최대 수혜자로 꼽히나 자식들에게 부담이 되지 않겠단 의식도 강하다. 40대의 부모 봉양 부담이 상대적으로 50~60대에 비해 낮은 이유다.

홍형식 한길리서치 소장은 "40대 부담이 낮게 나온 것은 상대적으로 건강한 부모를 돌보는 것이 덜 힘들고, 연금제도 도입 시기를 볼 때 젊은 노인들은 국민연금 가입기간이 더 길어 수령액도 더 많다"며 "국민연금과 기초연금 도입이 큰 영향을 줬을 것"이라고 분석했다. 실제 국민연금 연령별 수급액을 보면 1월 기준 55~59세는 월 66만 3,300원을 받았으나 연령이 높을수록 수령액이 줄어 80~84세는 25만 원을 받았다.

[40대] 현재 가장 고민하는 것은?

단위: %

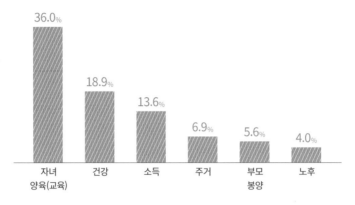

자녀 양육(교육)	건강	소득	주거	부모 봉양	노후
36.0%	18.9%	13.6%	6.9%	5.6%	4.0%

[40~50대] 아직 청춘이라 생각하나?

단위: %

40대 **69.7%**   50대 **55.5%**

[40~64세] 현재 가장 고민하는 것은?

단위: %   1순위+2순위 합 중 가장 답변이 많은 5항목

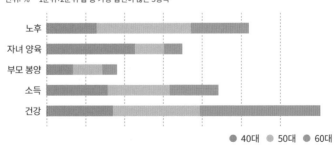

노후
자녀 양육
부모 봉양
소득
건강

● 40대 ● 50대 ● 60대

4050세대는 문화와 소통 면에서도 '낀 세대'의 애로를 토로했다. 거슬러 가면 전쟁까지 겪은 부모 세대와 디지털 시대에 태어난 자녀 세대의 간극이 너무 큰데, 그 사이에서 입지가 어정쩡하단 것이다. 고등학교 교사인 김모(45세) 씨는 "집안일이 힘들다고 하면 친정엄마는 '나 때는 세탁기도 없었다'고 하는 식으로 말하셔서 답답한데, 중고생 딸들은 나는 모르는 신조어와 은어를 쓴다"며 "부모 세대는 우리한테 '어디 말대꾸하냐'고 혼냈지만, 우린 자녀들에 그랬다가는 큰일 난다"고 했다.

실제로 세대 의식 설문 결과, 4050대 응답자 중 '평소 위 또는 아래 세대와 대화나 소통에서 어려움을 경험한다'고 답한 비율은 80%였다. 2030대(66%), 60대 이상(72%)보다 높다.

이들은 자기 자신을 돌볼 여력은 부족하지만, 노후대비를 위한 경제력과 건강관리 및 자기계발이 필요하다고 입을 모았다. 의류 제조업체에 근무하는 이순옥(53세) 씨는 "주중에는 직장에 다니고 주말에는 시아버지 돌보느라 지금은 자기계발을 할 시간이 없다"면서도 "노후를 위해선 경제력이 있어야 하고 건강해야 한다. 연금 외에 정년퇴직 후에도 5년은 더 일해서 노후 자금을 위한 현금을 저축해 두려고 한다"고 말했다. 공무원인 우모(59세) 씨는 "퇴직 후 재취업을 위해 미리 자격증 강의 수강료와 책값으로 매달 50만 원 정도 투자하고 있고, 매일 퇴근 후에 최소 2~3시간씩 공부한다"며 "은퇴를 앞두고 불안감도 있지만 새로운 시작을 할 수 있다는 생각에 기대감도 든다"고 했다.

세대 의식 설문에서 4050세대가 존경하는 노인상은 △꾸준한 자기계발, 관리를 하고 새 도전을 하는 모습(27.4%) △젊은 세대와 소통하며 자신의 주장을 바꾸는 모습(26.2%) 등으로 나타났다. 전문직 종사자 이관병(56세) 씨는 "4050세대의 자기계발이란 심리적으로 타인을 존중하고 관용으로 대하는 '소프트웨어(정신)적인 성장'"이라며 "낯선 것을 틀린 것으로 치부하지 않고 받아들일 준비가 된 노인으로 늙고 싶다"고 덧붙였다.

[전연령] 다른 세대와의 소통에 어려움을 경험한 적이 있나?

단위: %

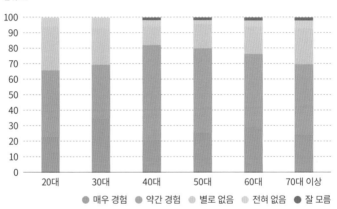

● 매우 경험 ● 약간 경험 ● 별로 없음 ● 전혀 없음 ● 잘 모름

[40~60대] 건전한 노후 생활을 위해 노력 중인 것은?

단위: %　1순위+2순위 합 중 가장 답변이 많은 5항목

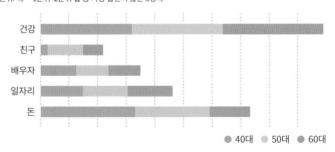

● 40대　● 50대　● 60대

● 60대 이후의 노후 오늘

Not Yet!

누가 먼저 꺼낸 말인지도 까마득하게 오래 전, 이런 말이 등장했다. "인생은 60부터." 이 말에는 상반된 두 가지 의미가 동시에 담겨있다. 하나는 그동안 사회의 일꾼으로 열심히 노력해왔으니, '이제 쉬자(혹은 '쉬시라')'는 것. 또 다른 하나는 '아직 새로운 시작을 할 수 있는 나이'라는 것이다.

각자의 여건과 가치관에 따라 전자의 의미일지 후자의 의미일지 해석하기 나름이지만, 기대수명의 비약적인 증가로, 우리나라뿐 아니라 전 세계에서 후자의 의미에 무게가 실리고 있다.

몇 세부터 노인일까?

고령사회 대응을 위해 정년연장과 노인 기준연령 상향 논의가 추진되고 있는 가운데, 국민 절반 이상은 70세부터를 노인이라고 생각하는 것으로 나타났다. 이는 노인연령 상향 시 노인의 혜택이 사라지는 예비 노인을 포함한 60대 노인에서도 비슷하게 나타나 노인 연령 상향에 대한 사회적 합의가 가능한 수준이란 분석이 나온다.

세대 의식 설문에서 '노인의 나이는 몇 세 정도라고 생각하는가?'라는 질문에 응답자의 54.3%가 '70세'라고 답했다.

이어 현행 노인 기준 연령인 '만 65세'부터가 노인이라고 답한 비율은 17.6%로 큰 차이를 나타냈다. '75세' '80세 이상'이 노인 기준이라고 답한 응답률까지 합하면 10명 중 8명(77%)은 70대는 넘어야 노인에 해당한다고 생각하고 있는 것으로 조사됐다.

특히 노인 연령 상향 시에도 혜택이 유지되는 70대 이상 노인들은 60대는 아직 노인이라고 하기엔 젊은 나이라는 인식이 두드러지게 높다. 70대 이상 노인의 72.7%는 '70세'부터가 노인이라고 답했고, '65세'를 꼽은 응답은 5.9%에 불과했다.

다만 노인 연령 상향 시 노인의 혜택을 받지 못하게 되는 60대 노인들은 46.7%가 노인은 '70세'부터라고 답해 전체 응답률보다 소폭 낮았고, 21.8%는 '65세'부터 노인이라고 답해 전체 대비 소폭 웃도는 것으로 조사됐다.

그러나 60대 응답자의 59.5%는 '아직 청춘이라고 생각한다(조금 동의한다 45.7%, 전적으로 동의한다 13.8%)'고 답해 스스로를 젊다고 여기는 것으로 조사됐다.

문제는 이들 노인들의 경제적 노후준비도는 대체로 부족해 노인 연령 상향에 따른 복지 사각지대 우려가 나온다는 점이다. 60대 이상의 64.5%(조금 45.9%, 매우 18.6%)는 '경제적으로 노후준비가 부족하다'고 답했고, 70대 이상은 51.2%(조금 26.2%, 매우 25.0%)가 '부족하다'고 답했다.

홍형식 한길리서치 소장은 "노인 연령 상향 논의는 노인단체나 이익단체에서 반대를 하더라도 사회적 합의를 끌어낼 수 있는 수준으로 평가될 수 있다"면서도 "정년연장 논의가 세대 문제와 맞물려 있는 만큼 노인 연령 상향에 따른 연금, 복지제도 정비의 수반이 필요하다"고 말했다.

[전연령] 몇 세부터 노인이라고 할 수 있을까?

단위: %

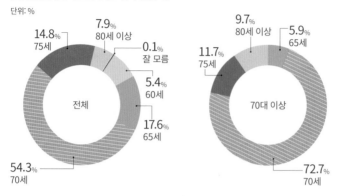

전체
- 14.8% 75세
- 7.9% 80세 이상
- 0.1% 잘 모름
- 5.4% 60세
- 17.6% 65세
- 54.3% 70세

70대 이상
- 9.7% 80세 이상
- 5.9% 65세
- 11.7% 75세
- 72.7% 70세

[60대] 나는 아직 청춘이라고 생각한다

단위: %

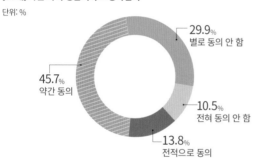

- 29.9% 별로 동의 안 함
- 45.7% 약간 동의
- 10.5% 전혀 동의 안 함
- 13.8% 전적으로 동의

[60대 이상] 경제적 노후준비 상황은?

단위: %

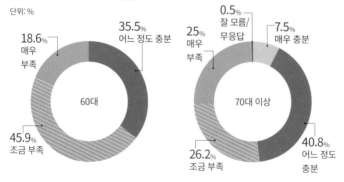

60대
- 18.6% 매우 부족
- 35.5% 어느 정도 충분
- 45.9% 조금 부족

70대 이상
- 0.5% 잘 모름/무응답
- 7.5% 매우 충분
- 25% 매우 부족
- 40.8% 어느 정도 충분
- 26.2% 조금 부족

"동네에서 쓰레기 줍고 한 달에 27만 원 받는데, 이게 은근히 큰 돈이다. 일손이 필요해서 생긴 일자리는 아니겠지만, 노인 일자리는 복지로 생각해서 더 늘어나면 좋겠다." (70대, 김모 씨)

"나이 먹어서 잘 안 받아주던데, 일 하고 싶다. 일자리는 사람들과의 관계도 끊기지 않게 해주고 월급도 주니 필요하다." (70대, 정모 씨)

경제발전을 이룬 산업화의 주역으로 퇴직을 맞은 60년대생이 노인으로 편입되면서 근로 의욕이 높은 건강한 신노년이 늘어나고 있다. 이들은 스스로를 젊다고 여기며, 아직 일을 하고 싶어 한다. 60대가 노인에게 필요한 정책으로 가장 많이 꼽은 항목도 '일자리'다.

세대 의식 설문에서 상대적으로 건강하면서 경제적 보릿고개에 놓인 60대는 적극적인 근로 의욕을 나타냈다. 60대의 83.2%는 아직은 일을 할 수 있으며, 82.5%는 일을 하고 싶다고 답했다. 또 노인을 위해 필요한 정책으로 60대의 40.7%는 '일자리'를 꼽아 전 연령대에서 가장 높은 응답률을 나타내기도 했다.

공적, 사적 연금제도 미성숙, 기대수명의 빠른 증가 등으로 퇴직 이후에도 은퇴하지 못하는 우리나라 노인들은 노동을 통해 소득을 보전하고 있다. 2020년 기준 우리나라의 노인 빈곤율은 40.4%로 OECD 회원국 중 가장 높으며, 65세 이상 고용률은 2021년 기준 34.9%로 이 또한 OECD 1위다.

은퇴 이후에도 계속해서 할 일을 찾는 이유 중 하나로 전문가들은 산업화 세대의 일 중심적 삶의 방식을 꼽기도 한다. 산업화의 주역으로 장시간 의무적 노동에 대한 수용이 높으며, 일 이외에 다른 영역에 대한 관심은 적게 나타낸 세대다.

70대는 60대에 비해 스스로를 노인이라고 인식하면서도 역동적인 노인상을 긍정적으로 인식했다. 70대의 55.9%는 '나이가 들어서도 자기계발과 관리를 하고 새로운 도전을 할 때'를 노인이 존경스럽거나 좋아 보이는 모습으로 꼽았다. 이는 다른 연령대는 물론 전체(31.2%)와 비교해도 큰 차이로 높은 수치다. 반면 도덕적이고 지혜로운 모습이나 젊은 세대와 소통하려는 노력 등의 정적인 노인상에 대해서는 유독 낮은 점수를 줬다.

신경아 한림대 사회학과 교수는 "산업화 과정에서 형성된 일 중심적 삶에 대한 무조건적 지향성이 지배적인 규범으로 남아 있는 것"이라고 설명했다.

실제 나이듦에 대한 준비로 경제적 조건이 사회적 관계나 취미활동 등에 우선했다. 젊을 때 가장 필요한 노후준비로 65세 이상 노인들은 '저축이나 부동산'을 38.9%로 가장 높게 꼽았으며, 이어 '건강관리(32.7%)' '나이듦에 대한 마음의 준비(12.9%)' '자식 양육과 독립(8.7%)' '부부간의 관계(2.6%)' '사회적 관계(1.6%)' 순으로 답했다.

김여진 한림대 사회복지학과 교수는 "산업화 세대는 한국사회 발전에 크게 기여한 세대임에도 불구하고 경제적인 삶의 만족도가 상대적으로 낮으며 주관적 안녕감에 큰 영향을 미치는 사회적 관계 맺음의 정도도 낮다"며 "최소한의 경제적 조건을 갖추도록 국가가 지원하고 사회참여를 높일 수 있는 여건을 마련하는 것이 중요하다"고 말했다.

[40~60대] 은퇴 후 적정 생활비는?
단위: %　기준: 2인 가구, 매월

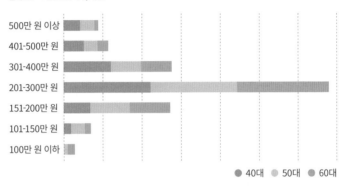

● 40대　● 50대　● 60대

[60대 이상] 나는 아직 일을 할 수 있다
단위: %

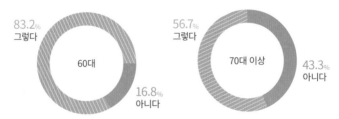

[60대 이상] 나는 앞으로도 일을 하고 싶다
단위: %

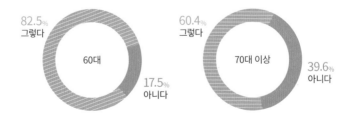

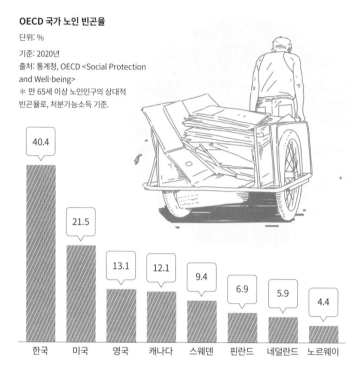

OECD 국가 노인 빈곤율

단위: %

기준: 2020년
출처: 통계청, OECD <Social Protection and Well-being>
＊ 만 65세 이상 노인인구의 상대적 빈곤율로, 처분가능소득 기준.

한국	미국	영국	캐나다	스웨덴	핀란드	네덜란드	노르웨이
40.4	21.5	13.1	12.1	9.4	6.9	5.9	4.4

최고 효자는 국민연금

"우리 나이에 최고의 효자는 '국민연금'이라고 얘기해요. 자식들이 아무리 잘해도 연금만 못하다고. 연금 포함해서 아내랑 한 달 200만 원 정도로 살고 있어요." (70대, 정근율 씨)

법정 정년은 만 60세, 평균수명은 83.5년. 은퇴 후 20여 년을 살아가야 하는 노인들에게 가장 큰 걱정은 역시 돈과 건강이다. 특히 이들의 경제력을 떠받쳐 주는 건, 최근 또 개혁 논란이 불붙은 국민연금이었다.

60대 이상 15명을 심층 인터뷰해 보니 국민연금과 기초연금에 기대고 있는 이들이 상당수였다. 그만큼 만족도도 높았다. 한모(73세) 씨는 "젊을 때 국민연금을 더 내지 않은 게 후회된다"며 "그래도 국민연금 30만 원이라도 받으니 '효자 연금'이란 생각이 든다"고 했다. 김모(78세) 씨는 "다달이 돈이 들어오는 게 위안"이라며 "젊은 사람들엔 미안한 마음도 있지만 나로선 이거라도 있으니 다행"이라고 했다.

다만 2023년 1월 기준 국민연금 가입자 월평균 수령액은 약 61만 원, 기초연금은 32만 원(정액)으로 합해야 100만 원에 못 미친다. 세대 의식 설문 결과를 보면, 60대 이상은 한 달 생활비로 201만~300만 원이 필요하단 응답률이 가장 높았다. 홀로 사는 사람들의 경우 한달에 151~200만 원이 필요하단 응답이 가장 많았다.

그럼에도 성인이 된 자녀에 경제적 도움을 바라기엔 '미안하다'는 노인들. 서울 탑골공원에서 만난 70대 남성 박모 씨는 "(자녀가) 다달이 10만 원씩 보내더니 코로나19 터지고 어려워졌는지 안 보내더라"며 "내가 일을 못하고 용돈을 받으려니까 마음이 안 좋고 눈치가 보여서 몇 달째 연락하지 않고 있다"고 했다. 그는 "안 먹고 안 입으면서 모아둔 돈으로 버틴다"고 했다.

이 때문에 연금 외 수입을 올리기 위해 일을 하는 노인들도 적지 않았다. 대표적인 일자리가 '공공근로'다. 인천에 거주하는 김미순(76세) 씨는 "도서관에서 청소하고 월 27만 원씩 받아 생활비에 보탠다"며 "무료함도 없애고 이 나이에 말 걸어주는 사람도 있어서 만족한다"고 했다. 정모(70세) 씨는 "노란 조끼 입고 하루 4시간, 일주일 3회 교통 정리 일을 한다"며 "이런 일자리가 많아져야 우리가 자식들한테 폐 안 끼치고 살 수 있을 것 같다"고 했다.

"70년을 살아도 해보고 싶은 게 있다"

젊어서 배우지 못한 한(恨). 지금의 노인들은 공부하지 못한 게 인생을 돌이켜 가장 아쉽고 후회된다고 했다. 어리고 젊었던 시절, 전쟁 이후의 보릿고개와 산업화시대에서 당장의 먹고사는 문제에 치중하느라 어쩔 수 없었다 해도 '평생의 한'이 됐다고들 했다. 하지만 젊은이들을 향한 당부는 '공부하라'가 아니었다. "몸 건강히, 남들에 베푸는 삶을 살라"는 조언이 많았다.

이데일리가 심층 인터뷰한 60대 이상 15명 중 대부분은 삶을 되짚으면서 '공부'라는 단어를 입에 올렸다. 일용직으로 일하다 부상으로 장애 판정을 받았다는 차모(76세) 씨는 "못 배운 거 하나가 서럽고 아쉽다"고 했다. 경기 군포에 사는 권모(73세) 씨는 "평생 못 배운 게 한이 됐다"며 "내가 못 한 걸 자식들에 다 해줘 대학까지 보낸 게 내 인생에 가장 잘한 일"이라고 했다.

늦깎이 학생이 된 이들도 적지 않았다. 김창해(71세) 씨는 "고등학교도 졸업 못 한 내가 60대에 방송통신대 중어중문과를 나왔다"며 "늦게라도 공부를 시작해서 책을 놓지 않은 게 자랑스럽다"고 했다. 김모(78세) 씨도 "뒤늦게 공부의 재미를 알았다"며 "동네 시민단체에서 한글을 배우고 검정고시까지 합격했다"고 뿌듯해했다. 프리랜서 보험설계사로 일하는 채모(73세) 씨는 "멋진 노인은 죽을 때까지 공부하는 사람"이라며 "죽을 때까지 공부하고, 신문 보고, 책 보고 싶다"고 했다.

그럼에도 젊은 세대에 바라는 건, '공부하는 삶'보다 '성실하고 정직하게, 타인에 베풀며 사는 삶'이었다. 살아보니, 숲을 이루는 나무처럼 더불어 사는 삶이 아름답더라는 것이다. 70대 남성 정모 씨는 "개인 생활이 더 중요해지니 경쟁이 심해져서 각자도생으로 사는 게 너무 안타깝다"며 "잘 사는 젊은이들은 자기 혼자 잘 살려고 아등바등하고, 못 사는 젊은이는 낙오돼서 자살하는 사회"라고 탄식했다. 권 씨 또한 "경쟁해서 남을 이겨야 한다고 생각하지만 져주려고 하면 내가 이기더라"며 "서로 돕고 베풀어야 복이 돌아온다"고 강조했다.

소중한 여생, 이들이 바라는 바는 어찌 보면 소박했다. "자녀에게 손 벌리지 않고 떳떳하게 살고 싶다" "남은 가족이 힘들지 않도록 건강하게 살다 가고 싶다" 등의 바람들이 나왔다. 경제력 약화와 건강 악화로 가족이나 주변 사람들에 '피해'를 끼칠지 모른단 염려가 깔려 있었다. 봉사하면서 남은 삶을 보내고 싶단 이들도 있었다.

이모(65세) 씨는 "늙었다고 쭈그려 있지 않고 자기 능력을 발휘해서 봉사하고 자신감 있게 사는 분들이 멋지다"며 "주위에 봉사 활동을 하는 분들이 많다"고 했다. 임모(72세) 씨는 "노인 일자리에 나가보니 90세 어르신이 힘만 닿으면 계속 일을 하려고 하더라"며 "나도 가는 날까지 계속 움직이고 배우면서 열정 있게 살다 가면 참 좋겠다"고 웃었다.

● 정부의 노후준비

국민연금과 일자리, 그리고 복지

"내 국민연금, 어쩌나" 불안 가중

노후준비와 관련해 전 세대를 아우르는 공통 이슈는 바로 '국민 연금'이다. 특히 국민연금 옆에 '고갈'이라는 단어가 짝꿍처럼 붙어서 나오기 시작한 후로는 국민들 사이에서도 '이대로는 안 된다'는 의견이 지배적이다.

세대 의식 설문 결과 연금개혁의 필요성에 대해서는 전 연령대 (18세 이상)에서 78%로 '해야 한다(반드시 해야 한다 42.2%, 가급적 해야 한다 35.8%)'가 압도적으로 높았다. 연금개혁 방식으로는 '많이 내고 많이 받는' 방식이 29.6%로 가장 높고, 이어 '현상 유지' 25.5%, '덜 내고 많이 받는' 18.5%, '덜 내고 덜 받는' 11.6%, '많이 내고 덜 받는' 10.6% 순이다. 홍형식 한길리서치 소장은 "사회 진출 준비기간도 늘어나고 결혼과 출산 모두 늦어지다 보니 청춘에 대한 사회적 인식도 늦어지고 노후준비 기간도 더 오래 해야 한다"고 말했다. 때문에 노후 경제의 핵심인 국민연금에 대한 관심이 뜨거운 것이다.

정부와 정치권도 풀지 못한 '난제' 연금개혁. 머지않아 수령자가 될 4050세대들은 개혁 방향에 있어 서로 다른 목소리를 냈다. 이대로면 피할 수 없는 연금 고갈을 막기 위해 '더 내고 덜 받아야 한다'는 의견과 '지금처럼'을 원하는 입장이 갈렸다. 다만 연금으로 노후를 버티기 힘들 거란 불안과 '각자도생'의 처지에 놓였다는 인식은 대체로 일치했다.

이데일리가 심층 인터뷰한 4050세대 10명은 모두 연금개혁의 필요성에 동의했다. 현재 4050세대가 연금을 한창 수령해야 할 2055년에 연금이 고갈될 것이란 정부 추계 발표의 영향이었다.

전문직 종사자인 서모(49세) 씨는 "이미 10년 전에 많이 내고 덜 받게 바꾸었어야 했다"며 "개혁은 해야 하는데 많은 사람들이 반대할 것"이라고 했다. 사회복지사인 강모(57세) 씨는 "돈을 받아야 할 사람은 많은데 낼 사람이 적지 않나"라며 "국민연금 받으려면 꽤 남았는데 그때 가서 정말 받을 수 있을지 불안하다"고 토로했다.

다만 정년연장까지 더해 연금개혁 문제의 해결 방안엔 의견이 분분했다. 학원강사인 김모(48세) 씨는 "현재 65세에서 70세로 정년과 연금 수령 시기를 늦추고, 더 내고 덜 받는 걸 감내해야 한다"고 했다. 간호조무사 송모(52세) 씨는 "65세에 정년퇴직하는 건 개인과 사회 모두에 낭비"라며 "정년 늘리고 연금을 늦게 받으면 될 것 같은데 더 내라면 경제적인 부담이 클 것"이라고 했다. 전문직 종사자 이관병(56세) 씨는 "많이 냈는데 적게 받으면 억울한 사람 많지 않나"라고 반문했고, 강씨는 "내가 낸 만큼만 받았으면 좋겠다"고 했다.

세대 의식 설문 결과에서는 응답자의 80%가 연금개혁에 찬성한 가운데 40대는 '많이 내고 많이 받는 안(34.4%)'을, 50대는 '현상유지(28.1%)'를 선호하는 걸로 나타났다.

국민연금 투자 운용에 대한 불만도 터져 나왔다. 국민연금기금은 2022년 마이너스 8.28%라는, 1988년 국민연금제도 도입 후 가장 낮은 수익률을 기록했다. 주부 김모(55세) 씨는 "엉뚱한 곳에 투자해서 날려 먹은 게 아니냐, 제대로 투자했으면 좋겠다"고 일침을 놨다.

연금에 대한 기대가 불안으로 바뀌면서 4050세대의 노후준비는 각자의 몫이 됐고, 불안은 또 가중되는 모양새다. 서 씨는 "연금제도에 답이 없으니 사람들이 금융소득을 기웃대고, 나도 주식 공부를 열심히 하고 있다"며 "주위에선 부동산, 주식, 코인 등 각자도생으로 살아남기 위해 열심히 공부들 한다"고 했다. 주부인 강모(55세) 씨는 "국민연금에 건강보험제도가 있어도 실비보험, 치매보험, 간병인보험 등을 따로 드는 게 결국은 우리 불안을 해소하기 위한 선택 아니겠나"라고 했다.

세대 의식 설문에서도 '노인을 위한 국가 시스템 만족도'는 50대

[전연령] 노인을 위한 국가의 시스템 만족도

단위: %

● 매우 만족 ● 약간 만족 ● 보통
● 별로 만족하지 않음 ● 전혀 만족하지 않음 ● 잘 모름/무응답

[전연령] 연금개혁이 필요한가?

단위: %

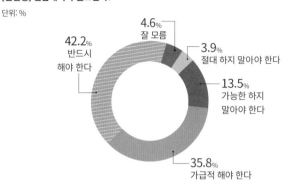

- 4.6% 잘 모름
- 3.9% 절대 하지 말아야 한다
- 13.5% 가능한 하지 말아야 한다
- 35.8% 가급적 해야 한다
- 42.2% 반드시 해야 한다

[40~60대] 선호하는 연금개혁 방식은?

단위: %

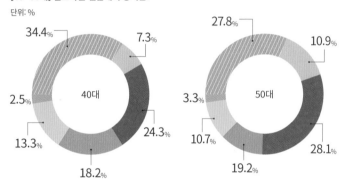

40대: 34.4% / 7.3% / 24.3% / 18.2% / 13.3% / 2.5%

50대: 27.8% / 10.9% / 28.1% / 19.2% / 10.7% / 3.3%

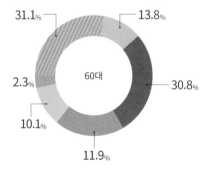

60대: 31.1% / 13.8% / 30.8% / 11.9% / 10.1% / 2.3%

- ● 많이 내고 많이 받는　● 많이 내고 덜 받는　● 현상 유지
- ● 덜 내고 많이 받는　● 덜 내고 덜 받는　● 잘 모름

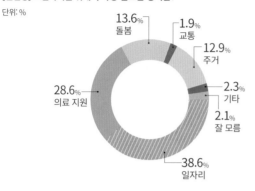

[전연령] 노인복지를 위해서 가장 필요한 정책은?

단위: %

13.6% 돌봄
1.9% 교통
12.9% 주거
2.3% 기타
2.1% 잘 모름
38.6% 일자리
28.6% 의료 지원

에서 가장 낮은 11.3%로 나타났다. 40대 역시 12.3%에 불과해, 60대(32.5%)와 70대 이상(40.1%)보다 오히려 낮았다.

곧 1963년생 은퇴하는데, 노인 지원책 1940~1950년생 집중

2023년 10월 2일 통계청에 따르면 65세 이상 고령인구는 950만 명으로 전체 인구의 18.4%나 된다. 베이비붐세대(1955~1963년생)의 절반 이상이 노인인구로 편입되는 2025년에는 그 비중이 20.6%로 늘어 초고령사회에 진입할 것으로 전망된다. 이 속도는 점점 더 빨라져 2035년 30%, 2050년에 40%까지 확대될 것으로 예측됐다. 국민 10명 중 4명이 노인인 노인사회가 되는 셈이다.

이런 상황은 이미 오래전부터 예측됐지만, 현실에서 변한 것은 많지 않다. 만 60세가 되면 아무리 좋은 직장이어도 자리에서 물러나 은퇴를 맞아야 한다. 하지만, 국민연금 수급개시연령은 현재 63세부터. 일반 직장의 평균 은퇴 시기가 50세 전후라는 점을 감안하면 10년 넘게 근로 수익도, 연금소득도 기대할 수 없는 처지에 놓였다가 고령층에 편입되는 것이다.

이렇다 보니 은퇴한 이후에도 많은 이들이 일자리를 찾기에 바쁘다. 65세 이상 고령자 중 취업자는 2022년 기준 36.2%나 된다. 건강상의 이유나 노인 일자리를 찾지 못해 일하지 못하는 노인 등도 63.8%나 되지만, 여전히 많은 노인이 일자리에서 떠나지 못하는 것이다.

2022년 기준 65세 이상 고령자 가구의 순자산액은 4억 5,364만 원으로 집계됐다. 하지만 대부분이 집 한 채가 전부인 경우가 많아 현실엔 집을 소유하긴 했지만, 생활비가 없어 생활고를 겪는 가난한 노인이 여전히 많다. OECD 주요국의 2020년 기준 66세 이상 상대적 빈곤율은 대한민국이 40.4%로 미국(21.5), 이탈리아(10.3), 노르웨이(4.4)와 비교해 압도적으로 높은 것도 이 때문이다. 이렇다 보니 자신의 현재 삶에 만족하는 노인은 3명 중 1명을 약간 넘긴 34.3%에 불과하다.

정부는 현재 고령자를 위해 노후 소득지원과 취업지원, 의료, 요양보호 등의 서비스를 지원하고 있다.

우선 2023년 기준 소득 하위 70% 노인을 대상으로 월 최대 32만 3,180원의 기초연금을 지급하고 있다. 또 공익활동형 60만 8,000개, 사회서비스형 8만 5,000개, 민간형 19만 개 등 총 88만 3,000개의 노인 일자리를 제공하고 있다. 이는 노인인구의 9.2%에 불과한 수준이다. 이마저도 가장 큰 비중을 차지하고 있는 공익활동형의 경우 월 소득이 27만 원에 불과해 노인의 수익활동으로는 턱없이 부족하다는 비판을 받고 있다.

주명룡 대한은퇴자협회장은 "그나마 있는 노인지원책이 1940~1950년생을 타깃으로 하다 보니 이제 노인연령에 진입하는 1960년생은 소외될 수밖에 없다"라며 "초고령사회에 대비해 노인세대를 폭넓게 지원할 수 있는 대책 마련이 필요하다"고 지적했다.

늘어나는 노인인구로 의료서비스 요구도 높아지는 것도 대비가 필요하다. 특히 노인 1인 가구 증가는 시한폭탄과도 같다. 현재 고령자 1인 가구는 36.3%지만 2045년 40%대를 돌파할 것으로 예측되고 있다.

나이가 들수록 뇌졸중 등을 비롯한 심혈관계질환 발생률은 높아진다. 그런데 혼자 사는 사람이 증가하면 증상이 발생했을 때, 늦게 발견돼 '골든타임' 내 초급성기 치료를 받지 못하는 경우가 늘 수 있다. 이렇게 되면 중증화율을 높여 평생 후유장애가 남는 등 사회 경제적 부담 요인으로 작용할 수 있다.

김태정 서울대병원 신경과·중환자의학과 교수는 "노인 및 1인 가구를 관리하고 돌볼 수 있는 정부의 체계적인 시스템 구축이 우선이 돼야 한다"며 "뇌졸중 초급성기 치료 시기를 놓쳐 후유장애를 갖는 환자들이 늘어난다면 그 부담은 온전히 국민이 부담하게 될 것이다. 지금 건강한 초고령사회를 위한 대책 마련이 시작돼야 한다"고 강조했다.

노인들도 비슷한 결의 돌봄이 필요하다고 말한다. 김모(70세) 씨는 "나라에서 해주는 좋은 요양원이 없지 않느냐"며 "공공요양원 같이 우리를 받아줄 수 있는 공간이 필요하다"고 말했다. 권모

(73세) 씨는 "주변에 혼자 사는 노인들이 많은데 돌봐줄 자식이나 수입이 없는 사람들을 구제해줄 수 있는 서비스가 있었으면 좋겠다"며 "목욕시켜주고 식사도 챙겨주는 돌보미가 늘어났으면 한다"고 덧붙였다.

— **글** 이지현 기자, 김경은 기자, 김범준 기자, 황병서 기자, 권효중 기자, 조민정 기자

"배우고, 웃고, 살아라(Learn, laugh, live)."

프랑스, 영국 등엔 U3A(The University of The Third Age)라는 은퇴자들의 학습공동체가 있다. 각 지역에서 자발적으로 운영되는 자치단체다. 나이 들어 은퇴한 후 급작스럽게 늘어난 시간을 '외로움'으로만 채우지 않도록 서로 연대하는 모임이다.

U3A의 시작은 프랑스다. 지자체와 대학이 나서서 1970년대에 은퇴자를 위한 강좌를 열었다.

하지만 최근 가장 활발하게 U3A운동이 이뤄지고 있는 나라는 영국으로 꼽힌다. 2022년엔 영국 U3A가 40주년을 맞기도 했다.

영국 전역에 1,000곳 넘는 U3A가 있고, 회원은 38만 명 이상이다. 운영을 돕는 자원봉사자도 350명이 넘는다. '배우고, 웃고, 살자'는 캐치프레이즈에 공감하는 은퇴자들이 계속 모여들고 있는 셈이다. 영국 U3A 측은 "더 이상 일하지 않는 사람들이 함께 모여 재미있게 배울 수 있는 기회를 제공하자는 취지"라며 "변화를 만들고, 활동적으로 지내고, 계속 삶을 배우고 즐기는 이점이 있다"고 설명했다.

은퇴자들은 15~20유로, 한화로는 3만 원 안팎의 연회비로 U3A에 가입하면 다양한 온·오프라인 프로그램을 즐길 수 있다. 줌

등의 온라인 툴로 요가, 수학, 자연과 기후 등에 관한 강연을 무료로 듣거나 오프라인 워크숍에도 참여한다. 매년 9월에 개최되는 'U3A 주간'에는 체스, 주사위놀이, 공연 관람, 근교 나들이 등 다양한 이벤트를 골라 참여할 수 있다.

영국 U3A 관계자는 "사람들에게 함께 모이고, 배우고, 자원봉사하고, 활동할 수 있는 기회를 제공하는 데에 U3A는 효과적이고 필수적"이라며 "우리는 노화에 대한 긍정적인 견해를 강조하고 같은 가치를 가진 다른 사람들과 협력하는 방식으로 일상을 재설계하도록 돕는다"고 강조했다.

우리나라에도 이러한 은퇴자들의 학습공동체는 필요하다. U3A의 철학을 표방한 '분당 아름다운 인생학교'가 2013년 문을 열긴 했지만, 아직은 프랑스나 영국처럼 전국 단위에서 조직되고 있는 공동체는 딱히 없다.

대신 전 세계 각국에 있는 은퇴자협회가 우리나라에도 있긴 하다. 한국은퇴자협회의 캐치프레이즈는 '배우며 벌며 오래 사는 삶의 실천'. 영국 U3A와 비교하면 '배움'과 '삶'은 공통적이나 '(돈을) 벌며'라는 구절은 유독 다르다. 한국은퇴자협회 측은 "은퇴세대가 은퇴 이후에도 배우고 자기계발을 하면서 최소한의 소득, 기초소득을 창출해야 한다는 것"이라고 했다. 우리나라 노인들은 은퇴 후에도 '돈을 버는 행위'에서 해방될 수 없는 현실을 보여준다.

- **글** 김미영 기자

대부분의 노인 정책이 그때그때 땜질식으로 만들어지다 보니 현재 노인의 총체적 삶의 질 개선에는 못 미치고 있다는 지적이 나온다. 이에, 조상미 중앙사회서비스원장과 주명룡 대한은퇴자협회장, 박영란 강남대 실버산업학과 교수를 만나 대한민국 나이듦을 점검해보았다.

Q 대한민국 고령화 준비를 평가해본다면?

<u>주명룡 회장</u> 인식이나 여러 가지가 너무 소홀하게 다뤄지고 있다. 노무현정부 때 노인에게 소일거리를 주면서 어느 정도 소득도 얻을 수 있게 하면 좋겠다고 해서 노인 일자리 사업을 하게 됐다. 거의 20년이 다 되어가는데 (공익활동의 경우) 활동비가 20만 원에서 27만 원으로 오르는 데 그치고 있다. 노인들이 경제적인 문제를 가장 크게 느끼는데, 정부는 아직도 준비가 안 됐다.

<u>박영란 교수</u> 초고령화 사회가 5년도 안 남은 시점에서 이에 대한 정부의 비전 제시는 미흡하다. 초고령화라는 엄청난 쓰나미를 어떻게 해야 할지에 대한 위기의식이 부족하다.

<u>조상미 원장</u> 정부도 고령화에 신경을 쓰고 있다. 내년 보건복지부 예산만 122조 원이 편성됐다. 여기엔 집에서 노인이 맞춤 돌봄

을 받을 수 있는 사업도 포함됐다. 예전엔 취약계층에만 집중됐던 것이 사각지대를 보완해 노인 맞춤 돌봄 사업으로 훨씬 규모화했다. 앞으로 국민이 잘 체감할 수 있게 하는 게 중요할 거 같다.

Q 가장 시급한 과제는 무엇이라고 생각하는가?

주명룡 회장 1930~1950년대 초반에 태어난 세대가 아주 어렵다. 지금 정부가 최대 고용주 역할을 하고 있는데 이렇게 가선 안 된다. 공기업이나 기타 노인 일자리가 민간과 합쳐서 노인이 최저 빈곤선인 125만 원 이상 소득을 확보하는 일자리로 만들어야 한다. 현재 노인들이 받는 돈은 기초연금 32만 원에 국민연금 10만~20만 원에 불과하다.

박영란 교수 고령자들은 열악한 상황에서 살고 있다. 기업이 쪽방촌 노인에게 선풍기와 전기담요를 줘도 전기세가 부담스러워서 쓰지 않는 것이 현실이다. 지금 연령과 모든 제도 설계가 너무 뻔한 미래이고 지속이 불가능하다. 지금 생존하는 사람들이 인간답게 살아가는 것이 중요하다. 확실한 것은 현재 베이비붐세대가 80세까지 살 거라는 점이다. 이들이 남은 20년 동안 건강하고 행복하게 살 수 있는 구조를 만들어야 한다.

조상미 원장 지역에 가면 의사가 없다. 스스로 돌보기 위해서도 의료인력 증원이 필요하다. 의대 증원을 해도 10년 이상이 걸리는 만큼 현재 있는 의사들이 어떻게 지역에서 활동할 수 있게 할지 고민해야 한다. 또 지역 보건과 의료 시스템이 협력해 노인이 지역에서 통합지원케어를 잘 받게 하는 게 중요하다.

Q 노인 기준 연령 상향 조정에 대한 생각은?

조상미 원장 국내에 100세 이상 노인이 1,000명 이상이다. 베이비붐세대는 130세까지 살 거라는 전망도 있다. 이젠 지하철이나 연금 지급 개시 연령 등 각종 서비스 나이 기준을 올려야 한다. 이에 대한 사회적 논의가 필요하다.

박영란 교수 이건 일률적으로 올려서 될 문제가 아니다. 한국의 노인들은 너무 다양한 집단이다. 제도의 사각지대가 발생할 수 있다. 순차적으로 이걸 어떻게 개선해 나갈 수 있는지에 대한 제도 설계가 중요하다. 지하철 요금도 100% 자비로 낼 수 있는 사람은 내고 사정이 있는 사람은 절반만 내도록 하는 등 차등해야 한다. 이런 차이를 고려하지 않으면 예산 낭비만 발생할 수 있다. 가장 중요한 정책의 철학과 가치, 관점을 공유할 필요가 있다.

주명룡 회장 공감한다. 기초연금도 마찬가지다. 이름은 '기초연금'인데 누구의 '기초'인지 모르겠다. 그리고 지급 기준이 왜 소득 하위 70%인지 조금 더 검토가 필요하다. 윤석열정부는 앞으로 40만 원으로 인상하겠다고 하는데, 사실 65세 기준을 충족하면 모두에게 줘야 한다. 하지만 그렇게 할 수 없는 구조니 최저 빈곤선인 20~30%엔 40만 원을 주고 그 이상은 차등으로 주되 전 국민을 대상으로 삼아야 한다. 한 달에 몇천만 원씩 쓸 수 있는 노인들 입장에선 큰 의미가 없지만, 권리보장의 관점에선 그렇게 해야 한다. 그들이 10만 원을 받아서 기부할 수 있는 거 아니겠나.

Q 은퇴 후에도 행복하려면 무엇이 우선일까?

주명룡 회장 젊을 때 괜찮게 살아온 살아온 사람은 노후도 괜찮다. 하지만 평생을 어렵게 살아온 사람들은 노후도 그냥 어렵다. 폴리텍대학 등을 지역 거점으로 해서 나이듦 세대가 배우고 벌며 오래 살아 갈 수 있는 방법을 모색하는 것도 하나의 방법이다. 정년 연장에 대한 사회적 합의도 추진해야 한다. 60세 이후에 근로자와 고용주가 모여서 정년 연장을 할지에 대해 합의해야 하는데 지금은 정년이 오기 전에 잘라버린다. 문제가 많다. 개선이 필요하다.

박영란 교수 50세쯤 되면 초등학교처럼 다시 의무교육을 할 수 있게 해야 한다. 엄청나게 급변하는 사회에 대응할 수 있도록 지식을 쌓게 해주고 연령에 맞는 운동법도 가르쳐줘야 한다. 사실 이데일리가 해외에서 보고 온 주요 사례들은 한국에도 있다. 그때그때 필요한 법과 기관이 많이 만들어져 이젠 새롭게 구조조정되거나 기능을 강화해야 한다. 그리고 확실한 전달체계가 만들어져야 한다.

조상미 원장 (나이듦 세대를 위한) 국가 제도나 사업이 없는 게 아니다. 이걸 어떻게 구슬처럼 잘 꾀느냐가 중요하다. 특히 지역에선 의료와 돌봄, 복지가 분절돼 있는데 이걸 모아야 한다. 중앙사회서비스원과 중앙정부가 이걸 연결하는 역할을 잘 해줘야 한다. 노인이 꼭 수혜자만 되는 건 아니다. 노인이 지역에서 요양시설 가기 전까지 공급자와 수혜자가 될 수 있다. 정부는 가이드라인을 주고 광역을 연결하는 거점이 되면서 민간 자원과 기존 비영리 단체를 포용하는 통합을 이제 해나가야 한다. 이게 행복한 노후를 만들어가는 시작점이 될 거다.

– 글 이지현 기자, 이영민 기자

2 FRANCE

- ● 수도   파리
- ● 언어   프랑스어
- ● 화폐단위   유로(EUR, €)
- ● 면적   5,490만 8,687ha 세계48위(2021 국토교통부, FAO 기준)
- ● GNI(1인)   4만 5,860달러(2022 World Bank
  국민 계정 데이터, OECD 국민 계정 데이터 파일)

인구

👤 단위: 명
출처: 통계청 <장래인구추계>

Population   2022년
64,627,000명

출산율

👤 단위: 명
출처: UN <세계인구전망 2022>
＊ 출산율=가임여성 1명당 명

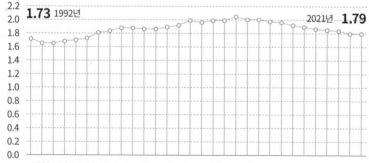

1.73 1992년   2021년 1.79

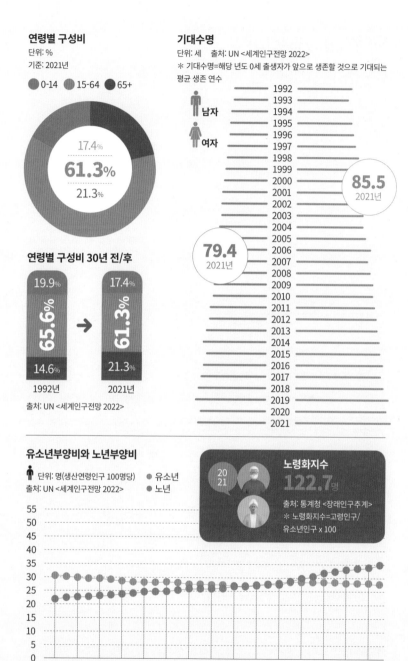

연령별 구성비

단위: %
기준: 2021년

● 0-14 ● 15-64 ● 65+

17.4%
61.3%
21.3%

연령별 구성비 30년 전/후

19.9%
65.6%
14.6%
1992년

→

17.4%
61.3%
21.3%
2021년

출처: UN <세계인구전망 2022>

기대수명

단위: 세   출처: UN <세계인구전망 2022>
＊ 기대수명=해당 년도 0세 출생자가 앞으로 생존할 것으로 기대되는 평균 생존 연수

👨 남자
👩 여자

1992
1993
1994
1995
1996
1997
1998
1999
2000
2001
2002
2003
2004
2005
2006
2007
2008
2009
2010
2011
2012
2013
2014
2015
2016
2017
2018
2019
2020
2021

85.5
2021년

79.4
2021년

유소년부양비와 노년부양비

👤 단위: 명(생산연령인구 100명당)   ● 유소년
출처: UN <세계인구전망 2022>   ● 노년

55
50
45
40
35
30
25
20
15
10
5
0

1992 1994 1996 1998 2000 2002 2004 2006 2008 2010 2012 2014 2016 2018 2020

노령화지수

20
21

122.7명

출처: 통계청 <장래인구추계>
＊ 노령화지수=고령인구/
유소년인구 x 100

＊ 유소년인구=0~14세, 생산연령인구=15~64세, 고령인구=65세 이상
＊ 유소년부양비=유소년인구/생산연령인구 x 100   ＊ 노년부양비=고령인구/생산연령인구 x 100

투쟁하고, 연대하며
나이듦을 고민하는

프랑스

행복한 나이듦의 또 다른 조건, 연대

"'틀딱'이요? 아휴, 그런 말은 없어요."

프랑스 파리에서 만난 20대 청년들은 노인을 폄훼하는 그들만의 은어나 신조어가 있냐는 말에 손사래를 쳤다. 한국의 인터넷 공간에서 흔히 쓰이는 노인 혐오 단어들에 대해 설명해주자 놀라기도 했다.

'연대(Solidarité)'가 국가의 철학인 프랑스. 2021년 기준 전체 국민 중 65세 이상 노인이 차지하는 비중이 21.3%로, 국민 5명 중 1명이 노인인 나라다. 이들은 은퇴 이후에 행복지수가 더 높아져, 한국과는 정반대 곡선을 그린다.

프랑스 노인들 삶의 만족도는 연금제도에 기반한 경제력이 기여하는 바가 크다. 연금제도는 공공부조 성격의 세대별 연대라 할

수 있다. OECD의 2022년 9월 기준 통계를 보면 프랑스 노인의

상대적 빈곤율은 4.4%로 한국(43.4%)에 비해 현저히 낮다.

행복엔 돈만 필요한 게 아니다. 프랑스엔 은퇴 후에도 문화예술

과 독서, 운동 등 여가활동을 주체적으로 추구하는 삶의 태도,

이를 가능케 뒷받침하는 공공과 민간 영역의 지원이 있다. 또한

노인들을 사회에서 소외시키거나 배제하지 않는 연대의 문화가

전통적으로 이어지고 있다. 이러한 이유들로 파리엔 '폐지 줍는

노인'이 없고, 무료한 노인들만 하나둘 모이는 '탑골공원' 같은 공

간이 없었다.

한국에서 1년간 교환학생을 한 플레흐(22세) 씨는 "한국은 유교

문화 등으로 사회구성원들 간에 수직적인 분위기가 있는 것 같

다"며 "프랑스에선 노인들과 청년들이 얼마든지 친구가 될 수 있

프랑스 파리에서 인터뷰한 청년 시몬(왼쪽사진
가운데), 아망딘(오른쪽사진 왼편) 씨가 조부모와 함께
찍은 사진. 이들은 "조부모와 자주 만남을 갖고 격의
없는 대화를 나눈다"고 했다.

다, 인종차별이나 동성애와 같은 이슈들엔 생각이 다르지만 대화가 안 되는 상대로 치부하지 않는다"고 했다.

한국은 노인인구가 2022년 17.5%에서 2025년이면 20.6%에 도달해 프랑스와 같은 초고령사회에 진입할 것으로 전망된다. 현재의 세대 갈등과 분절이 심화하는 걸 막고, 전 세대의 공동체 연대의식을 높이기 위한 변화가 필요하다.

신체적, 사회적, 경제적 장벽에 갇히지 않도록

2023년 5월 13일 오후 6시 무렵, 프랑스 파리의 볼테르 거리에 위치한 공익단체 '가난한 이들의 작은 형제들(Petits Freres des Pauvres, 이하 PFP)'에서 한 무리의 노년 여성들이 쏟아져나왔다. 두 달에 한 번 꼴로 열리는 연극 발표회를 준비하기 위한 수업을 듣고 나오는 길이었다. 이곳에서 20여 년 근무한 50대 남성 그레고리 씨는 "코로나19 때는 하지 못했지만, 이제 다시 많게는 10명 정도 노인들이 평일마다 연극 수업을 듣고 발표 후엔 평가를 듣는다"며 "노인들은 서로 친분을 쌓고, 봉사활동 온 청년들과 어울리면서 만족해한다"고 했다.

신체적, 사회적, 경제적 어려움과 그에 따른 고립. 누군가는 나이들어 마주하는 가혹한 형벌이다. 평균수명이 늘면서 고독 및 고립과 싸워야 하는 노인들, 그 노인들의 시간들이 덩달아 늘었다. 파리에선 이러한 노인들의 고립을 부수기 위해 교류와 연대를 늘려나가는 노력이 계속되고 있었다.

프랑스 파리 볼테르 거리에 위치한
공익단체 '가난한 이들의 작은 형제들'
내부와 옥상의 모습.

민간에서도 나선 '노인 고립'에 대한 투쟁

1946년 설립된 PFP는 전국적인 네트워크를 둔 단체로 출신이나 나이, 정신적 · 신체적 상황에 상관없이 모든 이가 존엄한 대우를 누릴 수 있어야 한다는 인식에서 설립됐다.

그레고리 씨의 안내에 따라 둘러본 볼테르 거리의 PFP 건물 내부는 깔끔하고 쾌적했다. 음료를 마실 수 있는 카페, 무료 식사가 제공되는 식당, 연극 수업과 뜨개질 등 각종 활동을 할 수 있는 공간들, 탁 트인 파리 시내를 바라볼 수 있는 루프톱 등을 갖췄다. 그레고리 씨는 "우리는 불우한 사람들, 특히 노인의 고립과 외로움과 맞서 싸워왔다"며 "노인이 고립에서 탈피해 삶을 즐기고 서로서로, 세대 간 어우려져 살아갈 수 있게 연결고리가 돼

준다"고 말했다.

이 단체를 비롯해 '파리 솔리데르(Le Paris Solidaire)', 비영리단체들이 의기투합해 만든 '동반자파리(Paris en compagnie)' 등 프랑스에선 민간에서도 노인의 고독, 고립 문제를 해결하기 위해 적극 나서고 있었다. 그만큼 고독, 고립 문제를 심각하게 여긴단 얘기이기도 하다. PFP의 다른 직원인 메릴 씨는 "2021년 실시한 '노인의 고독과 고립에 관한 조사' 결과, 프랑스에선 53만 명의 노인이 가족과 친구, 이웃과 접촉이 없는 고립 상태, 즉 '사회적인 죽음 상태'에 처해 있었다"며 "노인 200만 명은 사회적 관계에서 어려움을 겪고 있었다"고 했다. 이어 "2019년엔 노인 고립도와 지역과의 관련성을 조사했는데, 파리와 같은 도시 지역은 주민 연대와 이웃관계의 약화로 고립도가 악화했다"며 "시골 지역에 거주하는 노인 70%는 서로 유대감을 갖는다고 답했지만 파리 노인은 39%가 친밀감을 갖지 않는다고 여겼다"고 설명했다.

코로나19로 노인 고립 심화

인구는 많지만 서로 간 친밀감은 떨어지는 파리에서 특히 노인과의 교류, 연대를 도모하는 움직임이 두드러지는 것도 이 영향으로 보인다. 2019년 세워진 동반자파리의 경우 65세 이상의 노인에게 공원 산책, 문화공연장이나 병원 이동 때에 동

동반자파리에 등록된 참여 시민 수
* 2021년보다 1,500명 증가

6,624명
2022년 기준

출처: 동반자파리
<2022년 연례활동보고서>

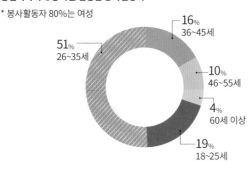

동반자파리에 등록된 연령별 봉사활동자
* 봉사활동자 80%는 여성

16%
36~45세

51%
26~35세

10%
46~55세

4%
60세 이상

19%
18~25세

행자가 되어줘 이동성을 높이고 있다. 전화, 휴대폰 앱, 인터넷 등으로 동행을 신청하면 직원이나 자원봉사자가 찾아가 이동을 같이하면서 말동무도 돼주는 식이다. 동반자파리에서 일하는 마리 씨는 "파리에선 10명 중 9명 정도의 노인이 혼자 살고 있고, 4명 중 1명은 넘어지는 걸 두려워하거나 동기가 부족해 혼자 밖에 나가지 않는다"며 "우리는 이들이 안심하고 밖에 나와 의료, 행정 일을 보고 일상의 단조로움, 고립을 깨뜨릴 수 있도록 한다"고 강조했다.

눈에 띄는 건 젊은층의 자원봉사가 많다는 점이다. PFP의 경우 2021년 집계한 자원봉사자가 1만 5,133명으로, 전년보다 3,663명 늘었다. 이 가운데 3분의 1은 30세 미만의 젊은이들이라고 했다. 동반자파리도 노인과의 동행에 참여하는 이들의 평균 연령이 35세였다. PFP의 그레고리 씨는 "중학생부터 20대 청년까지 젊은층의 자원봉사가 늘고 있다"며 "코로나19로 노인의 고립 문제가 심화, 부각되고 젊은층에선 이러한 사회적 문제에 대한 감수성이 높아진 걸로 보인다"고 했다. 코로나19라는 '대재앙'이 오히려 세대 간 연대를 강화하는 계기가 됐단 분석이다.

교류 증대는 인식도 바꾼다. 동반자파리의 2021년 활동보고서를 보면 자원봉사자의 60%는 노인과 동행하면서 그들이 사회에 기여한다는 만족감을 얻었고, 3명 중 1명은 노인들에 대한 시선이 바뀌었다고 평가했다. 20대 여성 엘리자 씨는 "노인과의 상호작용 없이는 우리가 살고 있는 세상을 온전히 이해할 수 없을 것"이라며 "노인은 돌봐야만 하는 대상이 아니라 우리와 서로 도움을 주고받는다, 그분들을 도울 때 뿌듯하다"고 했다.

우리나라는 어떨까. 서울시는 2022년 봄부터 동 단위로 '내곁에 자원봉사'라는 봉사캠프를 꾸렸다. 2022년 106개를 시작으로 2023년 약 224개 캠프가 활동했다. 서울시자원봉사센터 관계자는 "코로나19 장기화로 외출하지 못하고 고립감과 외로움을 겪는 어르신들을 위해 만들어졌다"며 "주기적으로 안부를 묻고 필요한 일을 도와드린다"고 했다.

다만 우리나라는 이러한 노력이 세대 간 통합, 연대 강화로까지

동반자파리에서 함께한 사람들. 이 단체의 자원봉사자들은 노인과 함께 시간을 보내며 '고립 탈피'를 돕는다. (사진 동반자파리 제공)

이어지기엔 아직 멀었다는 평
가다. 정재훈 서울여대 사회복
지학과 교수는 "프랑스는 전통
적으로 연대의식 수준이 높은
나라인 반면 우리나라는 세대
가 분절돼 있다"며 "정부와 지
자체에서도 제도와 정책을 세
대로 구분해 펴는 등 세대 분절
이 구조화돼 있는 상황으로, 세
대 간 교류를 늘리면서 노인 고

파리 시내 한 전철역사에 있는 정부
광고물. "언젠가 봉사합시다! 나는 고립된
분들과 함께 스포츠 활동을 즐겨요!"

립을 풀고 공동체의식을 높인다는 건 먼 얘기"라고 꼬집었다.

식사부터 주거까지 경제적 고립을 막는 정부 지원

"혼자 와도 밥 먹으면서 새 친구를 사귀고 얘기할 수 있으니 좋
지, 식사도 만족스럽고."(84세 여성 레나)
프랑스 파리 생제르맹 거리 인근의 노인공동주택. 이 주택 1층엔
은퇴한 노인들을 위한 식당인 '에머로드(Restaurant Emeraude)'가
있다. 파리시에서 관리하는 식당 에머로드는 이곳을 포함해 시
내에 42곳이 있었다. 65세 이상의 노인이 저렴한 가격에 질 높은
식사를 즐기면서 동년배들과도 자연스럽게 어울릴 수 있는 공간
이었다.
취재차 방문한 날의 점심 메뉴는 전식으로 크림 오이 혹은 야채
스프, 본식은 카레소스 닭다리볶음탕 혹은 대구살 필렛, 후식은

바닐라 초콜릿 소스의 과자가 나왔다. 식당에 온 이들은 시청에서 발급받은 에머로드 카드를 내민 뒤 음식을 받아 천천히 식사를 했다. 자전거를 끌고 식당에 온 레나 씨는 "파리엔 이런 식당이 여러 곳 있기 때문에 돌아다니면서 식사를 한다"며 "자주 이용하는 편"이라고 했다. 이 식당 직원인 알리 씨는 "시에서는 노인들의 은퇴 전 소득을 따져서 식사 가격을 차등 책정한다"며 "보통 한 끼에 5~8유로(한화 7,000~12,000원) 정도"라고 했다. 알리씨는 "점심엔 보통 노인 80여 명이 찾고, 저녁은 노숙자 등에게도 공짜로 제공하기 때문에 100인분 정도의 식사를 준비한다"며 "다른 사람들과의 만남의 장소, 사회와의 연결고리가 되는 곳"이라고 강조했다.

파리 거리에선 '토박이' 노인들을 어렵지 않게 접할 수 있었다. 세계적 관광도시이자 물가도 비싼 파리에서 이들이 은퇴 후에도 주변부로 밀려나지 않을 수 있는 데엔 에머로드와 같은 정부 차원의 사회서비스들도 한몫했다. 획일적이지 않은, 노인들의 개별성과 특수성을 감안한 서비스다.

끼니 못지않게 중요한 주거 문제 해결을 위해서 프랑스는 자립 생활이 가능한 이들을 위한 노인주택 등은 물론, 의료시설을 갖췄거나 병원 서비스가 제공되는 주거시설 등 노인주거시설을 갖췄다. 건강 상태와 경제적 능력 등에 따라 선택해서 머무를 수 있다. 나이 들어서도 살던 곳에 계속 살고 싶어하는 노인들의 자택 거주를 돕는 방편들도 있다. 경제력이 낮은 노인엔 주거보조금을 제공하거나, 임대인의 재산권을 다소 제한하는 경우가 있더라도 기존과 같은 조건으로 임대차 계약을 유지할 수 있게 한다. 노인 건강상태가 좋지 않아 집안일 등을 할 수 없는 경우엔 가사보조금도 준다. 사회복지시설이나 병원에서 노후를 맞기를 꺼려 집 안에서 홀로, 사회와 단절된 채 살아가지 않게 하기 위해서다.

우리나라와 마찬가지로 프랑스도 노인 이동을 돕는 교통비 지원을 하고 있다. 파리시의 경우 저소득층 노인에겐 무료 교통권을 지급하는 정책을 펴고 있으며, 이들 외 노인엔 일정 부분 할인을

프랑스 파리의 노인들을 위한 식당 에머로드 내부. 이 식당에서 식사를 하고 나오는 이들.

시에서 발급하는 에머로드 출입카드.

해준다.

그렇다고 해서 파리가 노인들이 살기 좋은 최적의 도시라고 말하는 건 아니다. 예를 들어 파리는 도시 역사만큼 건물들도 대체로 오래돼 이동 편의를 위한 엘리베이터, 경사로 등이 설치돼 있지 않고, 집 안엔 문턱이 남아 이동 편의성과 안전을 더 보완해야 한단 목소리가 있다. 이 때문에 파리시와 민간단체 등에선 꾸준히 노인들에 필요한 주택 개보수 사업을 하고 있다.

파리에서 만난 70대 보헴 씨는 "정부와 시에서 노인 배려를 많이 하고 있지만 더 많이 있어야 한다. 건강하게 살다 죽고 싶다는 욕구를 채워줬으면 한다"며 "한국은 프랑스에서, 프랑스는 한국에서 좋은 제도를 서로 본받아야 한다"고 말했다.

세대 연대의 조건, 'N포' 없는 프랑스 청년들

대학 졸업과 동시에 빠지는 학자금대출의 늪, 열심히 일해도 닿기 어려운 내 집 마련의 꿈. 한국 청년들의 현실은 대개 이렇지만, 프랑스 청년들은 달랐다. 한국 청년들이 스스로를 연애, 취업, 결혼, 출산, 주택 구입 등을 포기하는 'N포 세대'라 자조한다는 말에, 동시대를 살아가는 프랑스 청년들은 의아해했다. 교육과 주거를 아우른 전반적인 사회제도의 다름에서 오는 차이가 사회생활의 시작점과 불안 강도를 바꾸고 있었다.

한국의 MZ세대(1980~2005년생)처럼, 프랑스에선 젊은 세대를 YZ세대(1984~2010년생)라 불렀다. 파리에서 만나 인터뷰한 YZ

세대 10명 중 대부분은 현재의 삶에 만족을 표했다. '생존투쟁의 치열함'은 느낄 수 없었다.

대학 재학 중인 남성 루카(21세) 씨는 "프랑스는 대학들에 서열이 사실상 없고 웬만한 대학이 모두 무상이기 때문에 사교육비나 학비가 들지 않는다"며 "한국처럼 학자금 빚을 걱정할 필요가 없고 생활비 정도만 벌면 돼 경제적인 걱정이 크지 않다"고 했다. 루카 씨는 "동거 커플도 가족처럼 지원을 받는 데다 결혼을 반드시 해야 한다고 생각하는 친구들이 적다"며 "집값이야 비싸긴 하지만 주거문제 해결엔 여러 방법이 있어서 '내 집'이 고민거리가 되진 않는다"고 말했다. 파리는 세계에서 가장 집값 비싼 도시 중 하나이나 에펠탑과 샹젤리제 인근 등 시내 중심에도 질 좋고 저렴한 공공임대주택(Habitation à loyer modéré, HLM)이 있고, 노인인 집주인이 사망하면 세입자가 집을 갖는 '비아제(Viager)' 방식 등이 있어 젊은이들 사이에선 내 집 마련에 대한 '집착'이 크지 않단 설명이었다.

우리나라 청년처럼 취업을 걱정하는 이들은 당연히 있었다. 다만 직장 선택의 기준은 월급 수준, 안정성보다는 '워라밸(일과 삶의 균형)'에 더 무게를 두는 분위기라고 했다. '열심히 일해서 돈 벌어 나중을 기약하기보단 지금 행복하고 싶다'는 욕구가 크다는 것이다. 구직활동 중인 여성 일루이즈(26세) 씨는 "좋은 일자리를 찾고 싶다"며 "월급은 적어도 상관없다. 우리 세대는 야근을 절대 원하지 않는다"고 했다. 그녀는 "부모 세대, 우리 윗 세대야 일주일에 50시간 일해도 불만이 없었지만 우리는 직업보다 행복하고 만족스러운 삶의 질 문제를 더 중시한다"며 "어른들이나 신문에선 '젊은 애들이 일하기 싫어한다'고 비난하지만 시각차가 크다"고 했다.

연금개혁 문제에 있어선 불만이 컸다. 마크롱 대통령은 2027년부터는 현행 62세가 아닌 64세부터 연금을 받을 수 있게 하는 연금개혁안을 밀어붙여 관철했는데, 이 과정에서 노동자를 중심으로 거센 반발이 일었다. 화염병과 최루탄을 들고 나온 시위대에 경찰이 물대포로 맞서는 등 과격했던 연금개혁 반대 시위는 누그러졌지만 불씨는 여전했다. "지금도 62세 이상 사람들이 계약 연장 등으로 일하고 있는데 연금 수급 연령이 늦어지고 은퇴가

프랑스 파리의
소르본대학교
앞에서 청년들이
모여 이야기를
나누고 있다.

늦어지면 젊은 사람들 일자리가 더 줄어드는 게 아닌가"(플레흐, 22세 남성), "일을 오래 하고 싶지도 않고, 내가 얼마나 연금을 받을 수 있을지도 걱정"(불리냐, 21세 여성) 등의 목소리가 나왔다. 노후에 대한 불안은 한국과 프랑스 청년들이 공통적으로 안고 있는 문제였다.

연금개혁 먼저 단행한 프랑스, 진통마저 부럽다

"프랑스 사람들은 일에 피로를 많이 느껴요. 은퇴 이후에 일을 하는 사람들이 거의 없고, 일을 하고 싶어하지도 않아요. 그런데 정년을 연장하면 생산직 등 노동자들의 고통은 더 커지겠죠."(파리에 거주하는 28세 남성 시몬 씨)

"연금개혁은 필요했다고 봐요. 이대로면 내가 연금을 못 받을 수도 있겠다고 생각해요. 40년 후엔 연금이 제로가 될지도 모르잖아요. 우리 세대는 부모, 조부모 세대보다 더 불안하고 미래가 없단 생각도 들어요."(파리에 거주하는 21세 남성 루카 씨)

2023년 5월 파리에서 청년, 노인들을 만나 프랑스 연금개혁에 관한 의견을 들었다. 한 달여 앞서 연금개혁안을 처리한 프랑스 사례는 연금개혁 논의가 쳇바퀴만 돌고 있는 한국에 타산지석 혹은 반면교사 삼을 만한 부분이 있겠단 기대가 있었다. 하지만 불만을 토로하는 목소리는 여전히 높았고 시민들 간 시각차도 남아 있었다. 토론 문화가 발달한 프랑스에서조차 사회적 합의를 도출하기 어려운 게 연금 문제란 점을 재확인하고 돌아왔다.

프랑스에서는 2030년부터 연금 수령 연령을 62세에서 64세로 2년 늦추는 내용의 정부 연금개혁안이 나오자 대규모 반대 시위가 수개월째 지속됐다. 65세가 돼야 국민연금을 받을 수 있는 우리나라보다 수령 시기가 빠른데도 프랑스 국민들은 격분했다.

프랑스 국민이 어떤 이들인가. 1800년대 왕정에 맞서 바리케이드를 치고 싸운 전투력 있는 이들 아닌가. 2018년엔 정부의 유류세 인상 방침을 기폭제 삼은 '노란 조끼' 시위대가 파리의 상징과도 같은 개선문 등 문화재를 훼손하고 거리에 불을 지르는 등 과격한 투쟁으로 유류세 인상안을 철회시키지 않았나.

그랬기에 연금개혁 반대 시위의 결말은 몹시 궁금했다. 과연 마크롱 대통령은 다시 국민적 저항에 백기를 들 것인가, 밀어붙일 것인가. 2023년 4월 중순, 마크롱 대통령은 격렬한 시위에도 연금개혁법안에 서명했다. 5월 1일 노동절에도 대규모 시위에 화염병이 난무하고 거리 곳곳이 불탔지만 바뀐 건 없었다. 노동절로부터 일주일 뒤 도착한 파리의 시내 곳곳에 연금개혁을 비판하는 플래카드들이 걸려 있긴 했지만 그뿐이었다. 이후로도 시위는 잠잠한 상태다. 하지만 시위가 멈췄다고 모든 국민들이 '체념'하고 '수용'키로 했다고 보긴 어렵다. 인터뷰한 청년과 노인 대부분은 연금개혁에 대한 부정적 인식을 숨기지 않았다.

흥미로웠던 부분은 특히 노인들 다수가 연금개혁에 비판적이었단 점이다. 연금 수령에 변화를 받는 당사자가 아니지만, 정년이 늘어나는 청년들을 안타깝게 바라보는 노인들이 더 많았다. "직

2023년 5월 10일 프랑스 파리의 한 건물 앞에 국민연금 개혁에 반대하는 플래카드가 걸려 있다. 왼쪽은 '연금개혁 반대', 오른쪽은 '복지 시스템을 건들지 말라'는 내용.

업에 따라 입장 차가 있을 수 있지만 생산직 종사자들에게 더 큰 위험 아니냐"(81세 베고 씨), "너무 오랜 기간 일을 하면 노년이 힘들다"(72세 사메오 씨) 등의 이유였다. '연금개혁이 불가피하다'는 정부의 설득 작업이 부족했던 게 아닌가 하는 생각이 든 대목이었다. 대통령이 직접 나서서 노동단체 대표와 만나고 대국민담화를 하는 등 상당한 노력을 했음에도 말이다.

국정과제라더니, 한국 정부와 국회는 핑퐁만

한국은 어떤 길을 걸어 어떤 내용의 연금개혁을 단행할 것인가로 관심을 돌려본다. 보건복지부 산하 재정계산위원회가 2023년 9월 발표한 국민연금 개혁 방안 중엔 '보험료를 15%로 6%포인트 올리고 기금수익률을 1%포인트 증대하고, 연금 수급 개시 연령을 현행 65세에서 68세로 늦춰야 향후 70년 동안 연기금이 고갈되지 않는다'는 시나리오가 있다.

프랑스 국민들은 주당 35시간, 최대 주당 48시간 노동을 한다. 그리고 2030년부터 정년이 64세로 2년 늦춰진다. 그런데 왜 한국 국민들은 주당 40시간, 최대 주당 52시간을 일하고도 정년을 더 늦춰야만 하는 상황에 봉착했는지 탄식이 나온다.

국민연금 개혁을 핵심과제로 정한 윤석열 정부는 집권 2년 차에도 별다른 추진력을 보이지 않고 있다. 폭탄을 돌리듯 정부와 국회의 핑퐁 게임뿐이다. 2024년 5월 국회의원 총선거에서 여당이 압승한다면 그나마 풍경이 달라질까.

연금은 나이 들어서도 인간다운 존엄과 품위를 유지할 수 있게 도울 최소한의 안전장치다. "나이 든단 걸 상상해본 적 없고, 노후준비도 연금 이외엔 특별히 없을 것 같다"는 파리 청년 벤자민(31세) 씨의 말에 한국 청년 대부분도 공감할 것이다. 그렇다면 한국도 개혁을 더 서둘러야 맞다. 프랑스에서처럼 격렬한 진통은 불가피할 것이고, 이후에도 여진은 한동안 지속될 것이다. 그러니 프랑스보다 더 많은 설득 작업을 거쳐 사회적 진통을 줄이는 방향으로 추진해야 한다. 시간이 정말로 많지 않다.

[취재 노트] '나의 나이듦'에 대한 앎과 고민부터

일흔이 넘은 엄마가 소리 요란한 방귀를 뀐다. 정색하며 한소리 하자 엄마는 그랬다. "너도 나이 먹어봐라, 참아지나."

따로 산 지 오래된 탓에 엄마가 언제부터 그런 '참지 못할 버릇'을 갖게 됐는지는 모르겠다. 다만 엄마의 대답을 듣고 께름칙하게 알게 된 사실이 있었으니, 나도 노인이 되면 그러하리라는 것이었다.

나이가 들면 어떻게 되는지, 나는 너무 아는 바가 없었다. 성인이 된 후에는 학업과 취업, 직장 생활, 여가 활동 기타 등등에만 몰두했을 뿐 이대로 나이가 들어서 노인이 되면 나의 신체적, 경제적, 사회적 상황이 어떻게 변할지에 대해선 깊이 생각해본 일도 없었다. 왜? 나는 젊으니까(이제는 슬슬 과거형으로 바꿔야 한다). 나이듦을 생각한다는 건 딱히 유쾌한 일이 아니므로.

그리고 엄마를 빼고는 노인과 어울리거나 만날 일조차 거의 없기 때문에 나의 지식은 얕았고, 늙음은 '멀고 먼 미래'로 여겼다.

'대한민국 나이듦' 기획은 그런 면에서 큰 깨달음을 줬다. '노인인구가 2025년이면 20.6%에 달해 초고령사회가 되는 한국 사회의 문제'와 같은 거대 담론 아닌 '나의 나이듦'에 대한 앎과 고민부터 필요하다는 것이다.

프랑스 파리의 비영리단체 동반자파리를 취재하면서 "파리엔 10명 중 9명 정도의 노인이 혼자 살고 있는데, 4명 중 1명은 넘어지는 걸 두려워하거나 동기가 부족해 혼자 밖에 나가지 않는다"는 말이 굉장히 인상 깊었다. 들을 당시엔 머리로만 이해했으나, 취재 후 두어 달 뒤 만난 엄마의 말에 뒤늦게 가슴에 새겨졌다.

엄마는 집에서 도보로 15분쯤 걸리는 공원에서 저녁에 열린, 트로트 가수도 나오는 음악회에 가고 싶었지만 안 갔다고 했다.

"집에 오다가 넘어지면 어떡해." 파리 노인만이 아닌 우리나라 노인, 나의 엄마도 침침해진 눈 때문에 밤길에 넘어져서 다칠 수 있다는 두려움을 안고 산다는 걸 나는 너무 늦게 알았다. 이것은 나의 미래다. 또한 누군가의 미래다. 쏘아 놓은 살처럼, 눈 깜짝할 순간에 도달하는.

아직은 젊다고 자부하는 이들부터 나이듦에 관한 배움이 필요하다. 65세가 넘으면 기초연금을 얼마나 받을 수 있을지에 대한 관심만으로는 부족하다. 노인들과의 접점을 늘려 그들의 이야기를 듣고 삶을 바라볼 수 있으면 좋겠다. 나의 미래를 대입하면서 개인과 사회가 바꾸어 나아가야 할 게 뭔지를 고민하고 행동하면 미래는 지금과 달라질 수 있다.

연대의식. 프랑스에서 우리나라로 '이식'되길 바라는 가치다. 가정 내 가부장적 수직 문화가 완화되는가 싶더니, 이제는 나이 많은 이들을 '꼰대'로 명명하면서 세대 간 대화 단절은 고착되고 있다. 대화가 없으면 이해가 없고, 이해가 없으니 생활 속 연대도 불가능하다. 파리에서는 노인들의 바깥 활동을 돕는 청년들의 봉사활동을 시민단체는 물론 정부도 나서서 독려하고, 민간에선 아르바이트로 매칭하고 있다. 노인과 청년은 오랫동안 자리 잡은 수평적 문화 속에 서로를 존중하면서 대화를 나눈다고 했다.

어둑한 밤길, 노인인 나를 부축해줄 누군가가 있다면 나이듦이 조금은 덜 두려울 듯도 싶다. 나의 노년이 뜻대로 되지 않는 몸, 이야기 나눌 이 없는 외로움으로 꾸역꾸역 견디는 삶이 아니었으면 좋겠다. 2년 뒤면 우리 국민 10명 중 2명을 차지할 노인들

의 바람이기도 할 것이다. '대한민국 나이듦' 기획이 개개인의 각
성부터 사회적 · 제도적 개선까지, 변화를 이루는 데에 작은 계
기가 되었으면 한다.

― **글, 사진** 김미영 기자
― **통·번역 도움** 한국외대 장민설

"행복에도 노력이 필요해요. 당신은 노력하고 있습니까?"

신계숙 교수

'울고 있나요? 당신은 울고 있나요? 그러나 당신은 행복한 사람. 아직도 남은 별 찾을 수 있는 그렇게 아름다운 두 눈이 있으니.' (가수 조동진 씨의 '행복한 사람' 中)

모터사이클을 타고 전국을 누비며 흥을 전파 중인 '흥부자' 신계숙(61세) 배화여대 조리학과 교수는 행복에 대한 물음에 즉답 대신 이 노래를 읊조렸다.

그는 배우 조승우 씨의 아버지로 더 유명한 가수 조경수 씨의 '행복이란', 이수만 SM엔터테인먼트 전 총괄프로듀서의 '행복', 이문세의 '나는 행복한 사람', 윤항기의 '나는 행복합니다', 한대수의 '행복의 나라로' 등도 되새김질했다. 그러면서 "다 나름대로 행복을 노래했다. 사랑이 행복이고 지난 일을 다 잊고 지금의 행복을 찾자는 노래도 있지만, 절정은 조동진의 '행복'"이라고 꼽았다. 그 가수는 지금은 울고 있지만 두 눈이 있는 것만으로도 행복이라고 노래했다.

신 교수는 "많은 이들이 저 산 너머에 있다가 곧 사라질 무지개를 행복으로 여긴다. 그래서 행복하지 않다고 느끼는 것"이라고 지적했다. 현재 자신이 살아 있고 느낄 수 있는 것만으로도 충분히 행복할 수 있음에도 이를 깨닫지 못한다는 것이다.

그는 "건강하고, 할 일이 있고, '내일 새로운 요리를 해봐야지'라고 생각할 땐 가슴이 뛰는 상태로 잠이 든다"며 "이 정도면 행복한 게 아닌가?"라고 말했다.

한번은 그의 요리연구소이자 식당으로 운영 중인 계향각에 70대 노(老) 교수와 전 대법관이 찾아왔다. 행복에 대해 토론을 하다가 가장 행복해 보이는 그를 찾아와 함께 얘기를 나눠보자고 했다는 것이다. 누가 가장 행복한 사람이었을까가 궁금해졌다. 그는 "나를 행복하게 보는 우리 손님들도 다 희노애락애오욕(喜怒哀樂愛惡慾) 어디에 치우침 없이 마음의 중용(中庸)으로 나를 보는구나 싶었다"며 "그분들도 행복하니까 나를 행복하게 보는 것 같다. 그럼 모두가 행복한 거 아닌가?"라고 말하며 웃었다.

그는 행복에 노력이 필요하다고 강조한다. 그러면서 장자의 고사 '고어지사(枯魚之肆)'를 꺼냈다. 한 사람이 길을 가다가 길가의 마른 구덩이 속에 놓인 물고기 한 마리를 만났다. 그 물고기는 원래 바다에 살았는데 불행히 물이 말라버린 구덩이에 떨어져 죽게 됐다며 물 한 통만 가져다 달라고 부탁했다. 하지만, 그 행인은 지금 바쁘니 다음에 더 많이 가져다주겠다고 했다. 그랬더니 물고기는 그때에는 내가 말라버려 건어물상에서 포로 만나게 될 거라고 말했다.

신 교수는 "순간에 내 눈앞에 보이는 이들에게 최선을 다하고 내가 할 수 있는 일에 최선을 다해야 행복"이라며 "그런데 우린 매일 내일을 살며 10년 후를 약속한다. 그런데 다음은 어디에 있나?"라고 되물었다.

그는 오늘도 행복을 위해 노력한다. 실제로 그는 대학을 졸업하고 안정적으로 취업해 결혼하길 바랐던 가족의 반대를 무릅쓰고 중국요리사의 길을 걷고자 26세에 집을 나왔다. 뼈가 부러지면 붙지 않을 나이라며 위험한 일은 하지 말라던 주변의 반대에 그는 58세에 바로 모터사이클을 질렀다. 코로나19 대유행으로 자영업자들이 가게 문을 닫았던 2021년 12월엔 '계향각'을 열었다. 가족이 반대하더라도, 사회적 시련 속에서도 그 노력을 멈추지 않았던 것처럼 앞으로도 행복을 위한 노력을 멈추지 않겠다는 각오다. 그는 "후회는 없다"며 "매 순간을 최선을 다해 살아왔기 때문"이라고 자신 있게 말했다.

신계숙 교수는

단국대 중어중문학과 학사, 이화여대 대학원 식품학 석 · 박사. 현 배화여대 조리학과 교수로 있으며 EBS '세계테마기행' '신계숙의 맛터사이클 다이어리' 등에 출연했다. 저서로는 〈신계숙의 일단 하는 인생〉, 〈역사로 본 중국 음식〉 등이 있다.

— 글 이지현 기자

30년 군(軍) 전문가의 변신
"행복은 흐르게 하는 것"

김규남 작가

"귀농을 하고 보니 비가 오기 전에 심어야 할 것, 비가 온 후 심어야 할 것이 따로 있더군요. 자연의 지혜를 알아가는 과정입니다." 30년 군사 전문가에서 귀농 전문가로 전업한 김규남(63세) 씨는 인생 2막을 이같이 소개했다.

그는 대학에서 ROTC로 군생활을 시작해 54세에 대령으로 전역했다. 이후 한 대학의 군사학과 교수로 재직하며 군에서 있을 때보다 더 바쁜 나날을 보냈다. 오전 5시 30분에 일어나 오후 11시까지 학생들의 교육훈련을 맡았다. 군에 있을 때보다 더 힘든 상황에 몸엔 빨간불이 들어왔고 5년 만에 사직서를 제출했다. 그는 "내가 좋아하고 오랫동안 할 수 있는 것을 하면서 살면 행복할 텐데, 그렇지 않으면 악몽이 될 수 있겠구나를 느꼈다"고 털어났다. 건강을 회복하고자 '치유농장'을 계획했다. 그리고 숨 쉴 곳으로 춘천을 택했다. 강릉이 고향이었지만, 인생에서 가장 춥고 배고팠던 대학시절을 보낸 제2의 고향을 그가 다시 돌아갈 곳으로 정한 것이다. 그리고 무턱대고 토지 4,000평을 매입했다. 젊은 시절 빈털터리에서 시작해 나만의 땅을 가지게 됐다는 생각에 가슴 벅찼지만, '큰 실수'라는 걸 알게 되기까지는 오랜 시간이 걸리지 않았다. 시골인 데다, 땅덩이도 작지 않아 팔려고 해도 이젠 팔리지 않는 땅이 돼서다. 건축비가 없어 귀농인의 꿈인 나만의 집을 짓지 못한 건 가장 잘한 일이었다. "온 가족이 원하는 것을 모두 포함해 지은 귀농 하우스가 부동산 시장에 넘쳐나고 있다"며 "지역에 적응하지 못해 떠나려고 해도 팔리지 않아 발이 묶이고 가족 갈등까지 겪는 경우가 많은데 나는 그럴 일이 없지 않으냐?"고 말하며 웃었다.

집을 안 지은 대신 춘천 도심에 원룸을 마련해 농촌으로 출퇴근한다. 서울에 있는 가족을 만나러 가는 것도 대중교통으로 1시간여 만으로도 충분하다. 그는 이를 '멀티해비테이션'이라고 표현했다. '여러 개'를 뜻하는 '멀티(multi)'와 '주거'를 뜻하는 '해비테이션(habitation)'을 합친 말이다. 도시와 농촌 등 다른 지역에 2개 이상의 집을 마련해 양쪽 모두 거주하는 주거 트렌드다.

그는 "달걀을 한 바구니에 담지 말라는 주식시장의 조언처럼 언젠가 돌아갈 도시의 집을 남겨놓지 않고 귀농·귀촌에 올인한다면 대박 혹은 쪽박이 될 수 있다"며 "도시에 집은 두고 마음만 가지고 가라고 권하고 싶다"고 조언했다.

대학에서 응용식물학 박사를 한 건 북한의 산림녹화를 위해서였다. 그런데 귀농에 더 큰 도움이 됐다. 아카시아 나무와 밤나무가 우거진 한계농지였던 곳을 일궈 도라지와 더덕, 음나무, 개두릅 등을 심었다. 몇 년 전부터는 수확의 기쁨도 누리고 있다. 팔면 돈이 되지 않을까? 그는 "귀농은 절대 돈이 안 되는 일"이라며 "좋아하는 일을 찾고 행복을 찾아야 한다. 욕심을 내기 시작하면 힘들어진다"고 지적했다.

그는 지역에 자리 잡는 데 도움을 줬던 이들과 나눔 하며 기쁨을

2~3배로 키우고 있다. "스스로 행복을 느끼는 것도 중요하지만, 다른 사람들과 행복을 나누는 것도 중요하더라"며 "인생 1막은 내가 행복한 걸 했다면 2막은 내가 잘하고 좋아하는 걸 하면서 다른 사람도 행복하게 하는 걸 하는 게 맞지 않겠나라고 생각했다"고 말했다. 그러면서 "무리하게 투자하고 욕심내면 실패를 안고 있는 것"이라며 "나만의 놀이터에서 일과 삶이 조화를 이룬다면 그 모습이 주변에서도 보기 좋고 자식들에게도 좋다"고 귀띔했다.

해발 2,700m 고지에 있는 자신의 공간을 춘천에서 최고 노을이 멋진 곳이라고 소개하는 그는 지금이 인생의 황혼기라 말했다. "귀농에 후회는 없습니다. 지금이 바로 인생의 황혼기입니다. 무엇을 이뤄가는 과정이지요. 그게 더 아름답지 않은가요?"

김규남 작가는

강원대 농공학 학사, 호남대 행정학 석사를 거쳐 상지대 응용식물과학 박사과정을 밟았다. 1984 ROTC 22기로 2011년 12월 대령 전역 후, 신성대 군사학과 학과장 및 대외협력처장, 민주평화통일자문회의 운영위원회 간사, 강원도청 군관협력전문관, 강원연구원 통일국방센터 연구원을 역임한 후 현재 귀농생활 중이다. 저서로 〈은퇴 없이 농촌 출근〉, 〈완당의 겨울〉 등을 펴냈다.

- 글 이지현 기자

은퇴 프로준비러 윤택의
선택은 '행복'

방송인 윤택

'자연인'을 꿈꾸는 이들이 늘고 있다. TV에 사람의 발길이 뜸한 자연과 더불어 생활하는 이들의 모습이 자주 등장하며 은퇴를 했거나 예정 중인 이들이 귀촌, 귀농에 대한 도전을 받고 있는 것이다. 그런데 정말 그들은 행복할까? 교양프로그램 '나는 자연인이다'를 만 11년째 진행하며 프로 귀농 귀촌 전문가가 된 방송인 윤택(52세) 씨는 "전국에 있는 두메산골은 모두 다녀본 것 같다"며 방송에 나오지 않은 이야기를 꺼냈다.

그는 한 달이면 2번, 주 3일씩 인적이 드문 곳을 찾아다닌다. 그렇게 다닌 곳만 270여 곳이나 된다. "자연인들 대부분이 말수가 적다"며 "얼마나 빨리 친해지느냐가 관건"이라고 말했다. 첫날 데면데면하던 자연인들은 둘째 날에 말이 트이기 시작해 셋째 날엔 아주 오래된 사이처럼 깊어진다. 촬영팀이 산에서 내려갈 때쯤이면 눈물을 글썽이는 자연인이 있는 것도 이 때문이다.

그가 만난 자연인들은 산중 생활에서 가장 행복할 때를 손수 집 지을 때로 꼽았다. 뭔가를 만들 때는 외로움을 느낄 틈이 없어서다. 그러다 보니 집을 짓고 나면 집 옆에 찜질방을 만들고 정자도 만들어 주변 사람들과 나눌 수 있는 공간으로 확장하는 것이다.

55세에 은퇴를 계획 중인 그는 이를 보완해 가족과 함께 귀촌하기 위한 프로젝트를 은밀히 시작했다. 강화도에 땅을 샀고 가족들과 매주 주말 그곳으로 캠핑을 떠난다. 깨끗한 공기와 물로 농작물을 직접 심고 키워 수확의 기쁨과 보람을 가족 스스로 느끼게 해 서서히 귀촌으로 빠져들게 하려는 것이다. "지금은 캠핑카로 가지만 나중엔 집도 직접 설계하려고 한다. 뜨거운 물도 나오고 아내를 위해 주변에 꽃도 심으면 나중엔 푹 빠지지 않을까?"

윤택 씨가 자연인들을 통해 터득한 것은 또 있다. 자연에 사는 노하우다. 그는 좋은 땅으로 해발 300m 이상, 특히 700m의 고지를 추천했다. 실제로 700m 고지는 사람이 살기에 최적인 곳으로 꼽힌다. 그리고 정남향 방향에 인근에 개울이 있는 곳을 높이 평가했다. 그는 "농작물이 잘 되려면 물이 가까이 있어야 한다"며 "내 땅 뒤가 침엽수가 있는 국유림이라면 최적이다. 피톤치드 삼림욕을 즐길 수 있어서다. 그런데 이런 곳은 없다. 적절하게 마음을 비워서 선택하는 게 중요하다"고 말하며 웃었다.

그는 귀촌을 고민하는 이들에게 꼭 하고 싶은 말이 있다고 했다. "귀촌 전 이곳저곳 여행을 다녀보는 게 좋을 것 같다. 꼭 수도권에 살 필요는 없다. 비싼 도시에서 노후를 보내지 말고 한적한 곳을 둘러보고 저렴한 곳에 나만의 터전을 잡는 것을 권한다."

방송인 윤택은

연극배우로 데뷔, 뮤지컬배우로도 활동하다가 2003년 SBS 7기 공채 개그맨으로 정식 데뷔해 '웃찾사' 등에 출연했다. 현재는 다양한 방송에서 활동 중이며, 대표작으로는 메인 MC를 담당 중인 '나는 자연인이다'가 있다.

- 글 이지헌 기자

3 DENMARK

- ● 수도   코펜하겐
- ● 언어   덴마크어
- ● 화폐단위   덴마크 크로네(DKK, kr)
- ● 면적   429만 2,000ha 세계132위(2021 국토교통부, FAO 기준)
- ● GNI(1인)   7만 3,200달러(2022, World Bank
                국민 계정 데이터, OECD 국민 계정 데이터 파일)
                * GNI(1인): 1인당 국민총소득

인구

👤 단위: 명
출처: 통계청 <장래인구추계>

Population   2022년
5,882,000명

출산율

👤 단위: 명
출처: UN <세계인구전망 2022>
＊ 출산율=가임여성 1명당 명

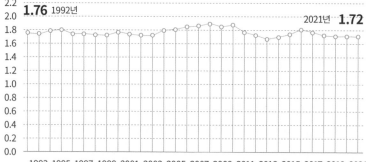

1.76 1992년   2021년 **1.72**

연령별 구성비

단위: %
기준: 2021년

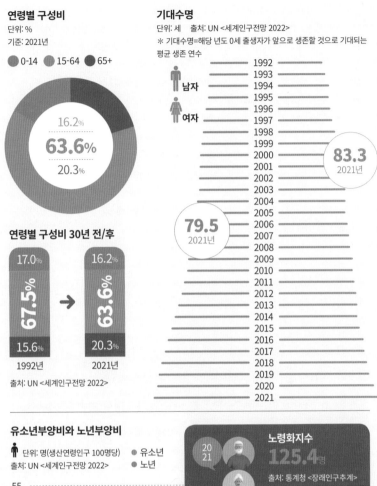

● 0-14 ● 15-64 ● 65+

16.2%
63.6%
20.3%

기대수명

단위: 세   출처: UN <세계인구전망 2022>
※ 기대수명=해당 년도 0세 출생자가 앞으로 생존할 것으로 기대되는
   평균 생존 연수

남자
여자

1992
1993
1994
1995
1996
1997
1998
1999
2000
2001
2002
2003
2004
2005
2006
2007
2008
2009
2010
2011
2012
2013
2014
2015
2016
2017
2018
2019
2020
2021

83.3
2021년

79.5
2021년

연령별 구성비 30년 전/후

17.0%
67.5%
15.6%
1992년

→

16.2%
63.6%
20.3%
2021년

출처: UN <세계인구전망 2022>

유소년부양비와 노년부양비

단위: 명(생산연령인구 100명당)   ● 유소년
출처: UN <세계인구전망 2022>   ● 노년

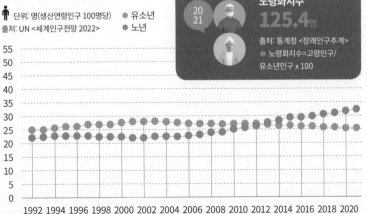

노령화지수
125.4명

20
21

출처: 통계청 <장래인구추계>
※ 노령화지수=고령인구/
   유소년인구 x 100

55
50
45
40
35
30
25
20
15
10
5
0

1992 1994 1996 1998 2000 2002 2004 2006 2008 2010 2012 2014 2016 2018 2020

※ 유소년인구=0~14세, 생산연령인구=15~64세, 고령인구=65세 이상
※ 유소년부양비=유소년인구/생산연령인구 x 100   ※ 노년부양비=고령인구/생산연령인구 x 100

평등과 신뢰를
동력 삼아

"요람에서 무덤까지"

복지와 성장, 두 마리 토끼를 잡은 유럽 강소국의 비결

덴마크를 생각하면 무엇이 떠오르는가. 덴마크는 안데르센의
나라다. 안데르센 동화의 작가인 한스 안데르센(Hans Christian
Andersen)은 덴마크인이다. 덴마크 하면 편의점에서 많이 볼 수
있는 '덴마크 드링킹 요구르트'를 떠올리는 이들도 있다. 실제 덴
마크는 훌륭한 우유, 요거트, 치즈 등 유제품이 많다.

가장 놀라웠던 것은 인구 600만 명의 이 작은 나라에 글로벌 기
업이 대거 포진돼 있다는 점이다. 어린이는 물론 성인들도 많
이 조립하는 세계적인 장난감 '레고(LEGO)'는 덴마크에서 만
들어졌다. 세계 최대 해운 회사인 '머스크(Maersk)'도 코펜하겐
(København)에 본사를 둔 덴마크 기업이다.

우리가 잘 알던 생활 속 브랜드도 알고 보면 본고장이 덴마크다.

덴마크 왕실이 인정한 맥주 브랜드 '칼스버그(Carlsberg)', 주얼리 브랜드 '판도라(PANDORA)'와 248년 전통의 덴마크 왕실 도자기 브랜드 '로얄 코펜하겐(Royal Copenhagen)', 디저트 브랜드 '조 앤더 주스(JOE & THE JUICE)', 세계에서 가장 장수하는 음향 브랜드 '뱅 앤 올룹슨(BANG & OLUFSEN)' 등이다.

그중에서도 요즘 덴마크 경제를 이끄는 핵심 기업은 단언컨대 제약사 '노보 노디스크(Novo Nordisk)'다. 100년 전통의 당뇨병 치료제 전문 기업이 비만 치료제 '위고비(Wegovy)'와 '오젬픽(Ozempic)'으로 대박을 쳤다. 당뇨병 임상시험에서 체중이 많이 줄어든 '부작용'이 비만 치료의 특효로 확인되면서다.

글로벌 기업가치 분석사이트 컴퍼니마켓캡에 따르면 2023년 11월 6일 기준 노보 노디스크는 기업가치 4,387억 달러로 세계 15위다. 유럽 기업 중엔 기업가치 3,727억 달러(18위)인 프랑스 명품기업 '루이비통모에헤네시(LVMH)'를 제치고 1위에 올랐다. 노보 노디스크 기업 가치는 덴마크의 2022년 국내총생산(Gross Domestic Product, 이하 GDP) 3,954억 달러도 넘어섰다. 덴마크의 2023년 성장률 전망치를 0.6%에서 1.2%로 두 배나 끌어올렸을 정도니 '잘 키운 제약사 하나가 덴마크를 먹여 살린다'는 말이 나오는 것도 전혀 이상하지 않다.

이처럼 덴마크가 북유럽 대표의 복지국가이자 유럽 강소국으로 우뚝 선 비결이 궁금했다. 여기에 대한 답을 찾으면 저성장 국면에서 복지 혜택에 대한 요구가 커지는 우리나라도 배울 점을 찾을 수 있지 않을까 하는 막연한 기대감이 들었다.

실제 덴마크는 양립할 수 없을 것만 같은 복지와 경제성장을 동시에 이룬 모습이 인상적이었다. 좁은 내수시장 탓에 적극적인 대외 개방과 시장 통합을 통해 성장해왔고, 그 뒤를 튼튼한 복지체계가 뒷받침하고 있기에 국제 경쟁력을 갖출 수 있었다는 게 현지서 만난 덴마크인들이 내린 평가였다.

덴마크의 무상교육 덕분에 국민 80% 이상은 영어를 자유롭게 구사한다. 실제 현지 취재 기간에 만난 덴마크인들 중에서 요양원 등에 있는 노인분들을 제외하곤 모두 영어로 의사소통할 수 있었다. 이처럼 영어를 쓸 줄 아는 인력 풀이 튼튼하기에 '마이크로소프트(Microsoft)' 유럽 본부가 코펜하겐에 설립되는 등 다국적 기업이 찾고 싶어 하는 매력적인 곳이 된 것이다.

또 해고가 자유로운 것 등 노동시장의 유연성도 다국적기업들엔 매력적인 요소다. 덴마크의 실업자는 전적으로 정부가 책임지는 탄탄한 복지체계 덕분이다. 더 넓게 봐서는 무상의료 덕에 직원들이 의료비 부담 등을 걱정하지 않고 일에 더욱 집중할 수 있는 환경도 마찬가지다. 국가경쟁력의 원천인 신뢰와 경제적 자유를 바탕으로 복지와 성장도 함께할 수 있다는 것을 보여준 대표적인 나라가 바로 덴마크다.

"세금폭탄이요? 많이 내는 만큼 누리잖아요"

"많이 내긴 하지만, 돌아오잖아요."
소득의 절반가량을 세금으로 내는 덴마크의 중장년층에게 세금에 대한 거부감은 없었다. 덴마크에서 만난 40~50대들에게 "한국에선 세금 인상을 '세금폭탄'으로 여긴다"고 하자, 이들은 "더 많은 것을 누릴 수 있으니 우리는 세금을 많이 내는 게 아깝지 않다"고 했다. OECD에 따르면 2021년 기준 GDP 대비 세금 비율은 덴마크가 46.9%로 선진국 가운데 가장 높다. 한국은 29.9%다.

세금에 비례해 두터운 사회안전망에 덴마크인들의 삶의 만족도는 세계 최고 수준이다. 2023년 UN 보고서에서 덴마크의 행복지수는 7.586점(10점 만점)으로 조사 대상 137개국 중 2위를 기록했다. 한국은 57위에 그쳤다. 실제 덴마크에서는 자녀 교육비를 걱정할 필요가 없다. 아픈 노부모가 치료를 못 받을 걱정도 없다. 일자리를 잃어도 2년간 실직 전 3개월 평균 임금 대비 75~90%가량을 실업급여로 받을 수 있다. 특히 부모 부양, 자녀교육, 노후준비라는 '삼중고'에 놓인 한국의 베이비붐세대와 덴마크 중장년의 처지는 크게 다를 수밖에 없다.

덴마크의 복지 체계는 국민들이 기꺼이 내는 세금과 함께, 정부에 대한 '신뢰'가 떠받치고 있다. 내가 낸 세금을 정부가 허투루쓰지 않는다는 믿음이다. 민·관 신뢰를 바탕으로 국가 주도로복지체계를 밀착 관리하며 복지시스템 무임승차나 도덕적 해이가능성을 사전 차단한다. 국제투명성기구의 2022년 국가별 부패인식지수(CPI)에 따르면 180개국 중 덴마크가 사회 투명성 1위이며, 한국은 31위다. 시민단체 데인에이지(Dane Age)의 데이비드빈센트 닐슨 컨설턴트는 "덴마크도 코로나19 이후 심해진 양극화 탓에 평균치 이하 소외계층에 대한 돌봄을 강화하려 노력하고 있다"며 "그간 경제성장에만 집중한 한국도 양극화를 해결하려면 세금 부담에 대한 공감대를 형성하고, 복지 혜택을 확대하는 방향으로 가야 한다"고 했다.

덴마크 노인 권익을 위한 비영리단체인 데인에이지의 데이비드 빈센트 닐슨 컨설턴트.

집에서도 시설처럼, 시설에서도 집처럼

덴마크 수도 코펜하겐에서 차로 약 1시간 거리에 있는 북동쪽 작은 마을 헬싱외르(Helsingør)에 사는 엘나 아너센(94세) 할머니는 매주 목요일을 기다린다. 일주일에 한 번씩 노인을 위한 재택 돌봄 서비스를 제공하는 '예머옐퍼(Hjemmehjælper, 홈헬퍼)'가 방문

덴마크 헬싱외르에서 홀로 거주하고 있는 엘나 아너센(오른쪽) 할머니와 딸 브리타 방씨.

하는 날인데 목욕을 도와주고, 종종 말동무도 해주기 때문이다.

지자체 홈케어, 24시간 상주 서비스도 가능

덴마크의 노인돌봄은 98개 지방자치단체 '코뮨

(Kommune)'에서 담당한다. 아너센 할머니가 헬싱외르 코뮌에서 제공하는 홈케어를 받기 시작한 것은 2년 전 장을 보러 갔다가 교통사고를 당한 이후부터다. 차에 부딪혀 얼굴과 다리에 부상을 입은 그는 당시 하루에 네 번씩 집으로 방문하는 예머옐퍼의 도움을 받았다. 아너센 할머니는 "움직이기 어려웠을 때 집 청소도 해주고, 끼니도 챙겨주고, 약 먹고 물 마시는 것까지 도와줘서 참 고마웠다"고 말했다.

홈케어 덕분에 아너센 할머니의 막내딸 브리타 방(60세) 씨는 아흔이 넘는 어머니에 대한 부양 부담은 없다고 했다. 부모 부양에 자녀 교육, 본인의 노후준비까지 '삼중고'를 겪어야 하는 한국의 베이비붐세대와는 사뭇 다르다. 방 씨는 "그간 열심히 일하고 성실하게 낸 세금이 돌아오는 것 같아 만족한다"며 "어머니가 더 아플 땐 하루에 4~6회씩 서비스를 받을 수 있고, 상황이 더 안 좋아지면 24시간 상주하는 서비스도 가능하다"고 설명했다.

퍼즐 맞추기가 취미인 아너센 할머니는 동네 노인정 같은 곳에서 일주일에 두 번씩 친구들과 함께하는 빙고 게임을 즐겼는데 최근엔 사정상 못 가게 되면서 적적해했다. 방 씨는 "저를 포함해 삼남매가 자주 찾아뵙기는 하지만, 혼자 계시는 어머니가 외로우실까 걱정"이라며 "올여름부턴 예머옐퍼 측에 '산책하기' 서비스를 추가 신청해보려 한다"고 전했다.

덴마크 노인돌봄의 원칙은 '자립'이다. 우리나라처럼 병원이나 요양시설에 의존하는 대신 아너센 할머니처럼 집에서 돌봄이나 예방적 의료서비스를 받을 수 있도록 지원하는 식이다. 시설이 아닌 집에서 지낼 수 있어 노인과 가족의 만족감도 높은 편이다.

6인실 요양원 대신 '자립' 중시하는 노인돌봄

다만 덴마크에서도 하루에 받는 홈케어가 6~8회 이상 등 광범
위한 돌봄이 필요한 노인이라면 요양원을 찾기도 한다.
헬싱외르에 자리한 '크리스티네호이 요양원(Kristinehøj Plejehjem)'

62명 노인들이
거주하는 덴마크
헬싱외르의
크리스티네호이
요양원.

크리스티네호이 요양원
폴 오아노 원장.

덴마크 헬싱외르에 있는 크리스티네호이 요양원에 거주 중인 노인들이 공유공간에서 볼링, 음악회, 공놀이 등의 활동을 하고 있다.(사진 크리스티네호이 요양원)

은 우리나라 6인실 '닭장' 같은 요양원과는 다른 모습이었다. 최연소 60세부터 최고령 97세까지, 치매나 뇌졸중을 앓고 있는 노인 62명이 거주하며, 모두 휠체어로 이동할 수 있는 화장실이 갖춰진 1인 1실에서 생활하고 있었다.

이러한 독립 공간 외에 식당과 카페, 야외 정원 등 공유 공간에선 음악회와 영화감상, 반려견과 교감 활동 등으로 우울증과 외로움을 예방하는 데 힘쓴다. 이곳엔 간호사 6명, 간호조무사 10명, 요양보호사 35명 등 총 80명이 근무하는데 24시간 돌봄 체계로 야간에 부족한 인력은 낙상을 방지하는 센서 등 기술의 도움을 받는다. 폴 오아노 크리스티네호이 요양원장은 "덴마크 노인 중 약 5%가 요양원에서 거주하는데 주거시설이나 음식 등의 비용은 개별적으로 지불하고, 돌봄과 의료비는 모두 무료"라며 "인생의 마지막을 행복하고 즐거운 시간으로 보내도록 집과 같은 쾌적한 환경을 유지하는 게 중요하다"고 강조했다.

노인돌봄 서비스 수준은 지자체에서 결정한다. 6만 3,000여 명이 거주하는 헬싱외르 코뮨의 레네 베르그스테인 예방 및 방문 케어 총책임자는 "노인의 신체적, 정신적 체질과 주거 환경에 대한 개별적인 평가를 바탕으로 사례별로 어떤 유형의 도움이 필요한지 코뮨에서 판단한다"며 "건강과 삶의 질에 영향을 미칠 수 있는 요인에 특히 중점을 두고 홈케어 서비스 단계를 판단하고, 더욱더 도움이 필요하다면 지역 내 7개 요양원이나 300개 노인 복지주택 거주 여부도 결정한다"고 설명했다.

나라에서 노후를 책임지는 복지체계 덕에 덴마크에선 우리나라 뉴스에 종종 등장하는 '고독사'나 '간병 살인'은 일어날 수 없다고 한다. 오아노 원장은 "간혹 알코올중독자가 숨진 채 발견되는 뉴스는 나오긴 하지만, 돌봄을 필요로 하는 노인은 소득과 관계없이 도움을 받을 수 있어 그런 안타까운 일은 덴마크에선 벌어지지 않는다"고 말했다.

세계 행복지수 2위인 덴마크에서도 국민 80%가 행복한 평균을 위한 복지뿐 아니라 20% 소외계층의 외로움을 극복하려는 질적인 노력이 더 필요하다는 목소리가 나온다. 시민단체인 데인에 이지의 데이비드 빈센트 닐슨 컨설턴트는 "심장병 질환이 있는 노인에게 의술만 신경 쓰면 50% 수준의 회복에 그치지만, 친밀한 관계까지 신경 쓰면 회복 속도는 더욱 빠를 것"이라며 "덴마크는 좋은 복지 시스템을 갖고 있지만, 비용 부담이 큰 자본 중심의 복지뿐 아니라 외로움을 관리하는 정서적 관계를 강조한 사회적 복지 서비스로의 접근도 필요하다"고 말했다.

복지와 기술이 만나면

노인에게 이동의 자유를

"가격은 5만 크로네인데 덴마크에선 무료입니다."
덴마크 코펜하겐 벨라센터에서 2023년 5월 23일에 개막한 북유럽 최대 '복지 기술(Welfare Technology)' 박람회인 '헬스 앤 리햅(Health & Rehab) 2023' 전시장 C4구역. 2023년 창립 50주년을 맞은 이동보조장치업체 이택(etac) 부스엔 어린이부터 노인까지 사용할 수 있는 각양각색의 전동휠체어가 전시돼 있었다. 리즈 데이빗슨 이택 총책임자는 "우리의 주요 고객은 지방자치단체"라며 "덴마크에선 모두 지자체에서 휠체어를 구매하고, 필요로 한다면 누구나 무료로 받을 수 있다"고 설명했다.
가볍고 성능 좋은 전동휠체어는 1,000만 원이 훌쩍 넘는데 장애 아동이 성인이 될 때까지 필요한 휠체어는 평균 5대 안팎에 달한다. 우리나라에선 정부지원금이 48만 원에 그쳐 휠체어 구매에 개인의 경제적 부담이 크지만, 덴마크는 지자체에서 평생 지원해 걱정이 없다. "요람에서 무덤까지." 세계 최고 복지국가인 덴마크를 대표하는 수식어는 몸이 불편한 이들에게 이동의 자유를 주는 휠체어 지급에서도 똑같이 적용되는 셈이다. 덴마크 통계청에 따르면 GDP 대비 세금 비율은 2022년 기준 42.4%에 달한다. 이러한 광범위한 복지 서비스가 가능한 이유다.

데이빗슨 총책임자는 "휠체어는 자세 교정과 장기 성장에 중요한 역할을 하는데 몸에 맞는 사이즈가 관건"이라며 "개별 체형에 맞는 '커스터마이징' 휠체어 개발은 장애인을 비롯한 거동이 힘든 노인에게 움직일 수 있는 자유를 보장하고 사회 참여 기회를 주는 데 의미가 있다"고 강조했다.

박람회엔 휠체어뿐 아니라 노인의 삶의 질을 높여주는 신기술도 대거 전시됐다. 특히 1981년 '변기 목욕 의자'를 만든 것을 시작으로 재활보조기구 개발에 집중하는 단리햅(dan-rehab)의 자동으로 침대 시트를 갈아주는 제품이 눈에 띄었다. 모든 것을 내려놓

북유럽 최대 복지 기술 박람회인 헬스 앤 리햅 2023 전시장에 다양한 전동휠체어가 진열돼 있다.

은 듯 수동적인 노인을 옮길 땐 그 몸무게 이상의 무게에 짓눌려 순간적인 힘을 써야 한다. 그러나 이 기계는 노인을 따로 옮기

재활보조기구업체 단리햅 관계자가 자동으로 침대 시트를 교체해주는 작업을 시연하고 있다.

지 않고도 버튼 작동 몇 번이면 자동으로 시트를 교체할 수 있어 노인의 삶의 질뿐 아니라 요양보호사의 업무의 질까지 높이기에 충분해 보였다.

덴마크도 '초고령화 시대'로 직면한 문제에서 예외일 수 없지만, 노인돌봄에 기술을 통합하는 식으로 활로를 찾고 있었다. 제이콥 한센 단리햅 대표는 "한국처럼 덴마크도 노인돌봄에 대한 수요는 커지지만, 젊은층은 공부를 많이 하다 보니 전문직을 원해

메테 키르케고르(왼쪽) 덴마크 노인부 장관이 헬스 앤 리햅 2023 박람회에서 참가자와 기념사진을 촬영하고 있다.

요양산업에서 인력 수급이 어렵다"며 "이런 복지기술 개발은 요양보호사의 어깨와 허리를 보호하는 등 효율적으로 일할 수 있는 업무환경을 만들고 결국, 노인돌봄의 질도 높일 수 있다"고 말했다.

중앙정부 차원에서도 정해진 시간에 알약이 나오는 디스펜서 등 보조 생활 기술을 비롯해 고급 원격 건강 솔루션 등 복지 기술 확산을 독려하고 있다. 메테 키르케고르 덴마크 노인부 장관은 박람회 행사 후 이데일리와 만나 "복지 기술이 복지 분야의 모든 문제에 대한 답은 아니지만, 노인 수 증가와 직원 부족, 미래에도 같은 수준의 의료서비스를 제공할 수 있는지 등 복지사회가 직면한 문제를 해결할 방법의 하나"라며 "복지 기술에 대한 노하우는 지역 간 공유가 필요하고, 노인의 '존엄성을 지키는 기술'로서 잠재력이 기대된다"고 강조했다.

페달을 밟지 못해도 함께 달린다

덴마크는 자전거 전용 신호등과 고속도로까지 있는 '자전거 천국'이다. 출 · 퇴근하는 직장인을 비롯해 앞뒤로 아이들을 태우고 등 · 하교시키는 부모를 쉽게 볼 수 있는데 이들에게 자전거는 단순 이동 수단을 넘어 삶의 일부다.

'자전거 DNA'가 충만한 덴마크에선 늙고 병들어서 더는 페달을 밟기 어려워도 자전거를 탈 수 있다. 덴마크에서 처음 시작해 전 세계 50개국에서 활동하고 있는 '사이클링 위드아웃 에이지(Cycling Without Age, 이하 CWA)'와 함께라면 말이다.

거동이 불편한 사람이나
자전거를 타기 어려운 노인을
자전거로 태워주며 대화를
나누는 사이클링 위드아웃
에이지의 활동 모습. (사진 CWA)

올레 카쏘 사이클링 위드아웃 에이지
창립자가 덴마크 코펜하겐에 있는
본부에서 '함께 자전거 타기'에 대해
설명하고 있다.

나이 제한 없이 자전거를 탄다는 이 단체의 이름처럼 자원봉사
자(파일럿)는 거동이 불편하거나 자전거를 직접 타기 어려운 노
인들을 태우고 '함께 자전거 타기'에 나선다. 실제 코펜하겐 여행
의 중심인 뉘하운 운하 인근에서도 노인 2명을 삼륜 자전거 큰
칸에 태우고 산책하는 파일럿을 어렵지 않게 볼 수 있었다.

올레 카쏘 창립자가 11년 전 거동이 힘들어서 가고 싶은 곳에 갈
수 없는 88세 한 할머니를 안타깝게 여겨 자전거에 태워 나선 산
책이 CWA의 시작이었다. 그는 "요양원에서 말 한마디 않던 할
머니가 자전거를 타고 추억이 깃든 곳을 다니다 보니 입이 트였
다"며 "홀로 격리 대신 자전거를 타고 바깥으로 나가 햇볕을 쬐
고 바람도 느끼면서 사람과 교류하는 것이 정신건강에도 효과적
임을 확인한 순간이었다"고 회상했다.

행복하게 오래 사는 데 관심이 많았던 카쏘 창립자는 노후의 삶
의 질을 높이는 데 가장 중요한 것은 '친밀한 관계'이며, 자전거
타기가 도움된다고 강조했다. 그는 "파일럿이 노인 2명을 자전

덴마크 코펜하겐 뉘하운 인근에서 자원봉사자가 노인 2명을 삼륜자전거에 태우고 산책을 하고 있다.

거에 태우고 달리면 세 사람이 '한 팀'이 돼 서로 교감하는 상호 작용을 경험할 수 있다"고 말했다.

함께 자전거 타기는 '1석 3조'의 효과를 낸다. 노인의 '이동권'과 '외로움'을 해결함과 동시에 파일럿의 삶의 만족도와 요양보호사의 업무 만족도를 함께 높인다. 카쏘 창립자는 "노인은 좋아하는 공원에 갈 수 있고, 함께 자전거를 탄 파일럿은 가보지 못했던 곳에 가면 서로 행복해한다"고 전했다. 특히 그는 "노인이 자전거 산책을 다녀오면 기분이 좋아져 요양원에 일하는 사람한테도 좋은 영향을 준다"며 "자전거 타기가 단순 운동을 넘어 삶의 질을 높이는 활동이 된 것"이라고 강조했다.

함께 자전거를 타는 데 있어 나이는 숫자에 불과하다. 젊다고 파일럿이 되고, 늙었다고 승객이 되는 건 아니다. 덴마크 기준으로 현재 파일럿 중 최고령은 90세, 최연소는 12세다. 카쏘 창립자는 "(2023년 5월) 최고령 파일럿은 요양원에서 승객으로 자전거를 접했다가 파일럿이 됐는데 누군가를 보호할 수 있다는 점에서 삶의 의미를 느낀다"며 "최연소 파일럿은 엄마 따라 자원봉사를 왔다가 '나도 사회에 기여하고 싶다'고 해서 참여하는데 다른 세대와 대화하면서 얻는 경험과 지혜가 삶의 자원이 될 것"이라고 설명했다.

함께 자전거 타기는 인프라가 아닌 의지의 문제로 한국에서도 가능하다고 독려했다. 그는 "요양원은 서울과 같은 대도시가 아니라 상대적으로 외진 곳에 있으니 요양원 3㎞ 반경 내에서 자전거 타기는 문제없을 것"이라며 "빨리 이동하는 것보다 천천히 대화하며 관계를 형성하는 것에 집중하면 어디서든 할 수 있다"고 강조했다.

국가가 외로움 관리 '시동'

과거 외로움이 개인의 문제로 치부됐다면, 코로나19 대유행을 기점으로 국가적, 사회적 문제로 부각되기 시작했다.

세계보건기구(World Health Organization, 이하 WHO)는 외로움으로 인한 경제적 손실을 연 1조 달러 규모로 추정했다. 고령화와 맞물려 외로움 문제는 더욱 심각해지고 있다. 단순 감정 문제로 끝나지 않고 우울증과 불안장애, 만성통증 등 병증을 유발해 사회적 부담으로 이어진다.

이러한 문제 인식에 따라 이미 선진국에서는 외로움 관리에 나섰다. 유럽에선 영국이 대표적으로 2018년 세계 최초로 '외로움부 장관(Minister for Loneliness)'직을 신설했다. 아시아에선 일본이 코로나19 이후 자살하는 이들이 급증하자 2022년 2월 '고독·고립 담당 장관'을 임명했다.

이에 세계적인 복지국가로 손꼽히는 덴마크에서도 외로움을 국가 차원에서 관리하겠다고 나섰다. 국가가 제공하는 복지 지원의 양을 넘어 질도 고민하겠다는 의지에서다. 외로움이 각종 사고와 범죄, 자살률과 직결되므로 국가의 책임 아래 고독에 방치된 사람을 본격 지원하겠다는 것이다.

이를 위해 외로움을 퇴치하기 위한 특별위원회를 만들고, 2023년 6월에 예산 2,080만 크로네(약 40억 원) 배정도 발표했다. 덴마크는 현재 약 60만 명의 덴마크인이 외로움을 경험하고 있는 것으로 파악하고 있다. 덴마크 인구(2023년 기준 약 591만 명)의 10명 중 1명꼴이다. 덴마크 의회가 설립한 이른바 '고독사 방지' 민·관 파트너십을 통해 2040년까지 덴마크에서 외로운 사람을 30만 명 수준으로 50%까지 줄이겠다는 목표를 내세웠다.

덴마크의 외로움 관리에 대해 정책 제언을 한 데이비드 빈센트 닐슨 데인에이지 컨설턴트는 "학교에서 괴롭힘당하거나 실직하거나 나이가 들어 혼자되거나 하는 등 원치 않는 개인의 외로움은 사회적 비용을 발생시킨다"며 "더 많은 사람들이 외로움에서 벗어나도록 개인과 사회 전체의 특별한 노력이 필요하다"고 강조했다.

실제 '관계'는 외로움 방지에도 도움을 준다고 보고 있다. 올레 카쏘 사이클링 위드아웃 에이지의 창업자는 "덴마크 보험사에선 보험료 책정을 위해 자녀가 몇 명인지를 비롯해 딸인지 아들인지 등 성별도 중요한 요소로 본다"며 "돈을 얼마나 많이 버는 게 중요한 게 아니라 사람 간의 관계가 있는 사람들이 덜 외로움을 느끼고 건강한 생활을 할 수 있다고 보고, 이는 평균수명에도 연관성이 있다고 판단한다"고 전했다.

[취재 노트] "다시 태어나도 덴마크"

"다음 생도 덴마크에서 태어나고 싶나요?"

5박 6일간 덴마크에서 취재를 진행하면서 만난 덴마크인들에게 빼놓지 않고 했던 질문이다. 한국 사회에선 양극화가 점점 심해져 '헬조선' '이생망(이번 생은 망했다)'을 외치는 삶이 문제인 가운데 국민이 느끼는 행복감이 세계적으로 높은 덴마크인들의 삶의 만족도가 궁금했기 때문이다.

마치 짜기라도 한 듯이 신기하게도 열이면 열 모두 똑같은 대답을 들려줬다. 개인적으로는 이번 생은 한국에서 살아봤으니 다음 생이 있다면 다른 나라에 태어나고 싶다고 생각했지만, 덴마크 사람들의 생각은 달랐다. 다시 태어나도 덴마크였다.

덴마크 노인 권익을 위한 비영리단체인 데인에이지의 데이비드 빈센트 닐슨 컨설턴트는 "양극화 사회에서 많은 돈을 벌고 사는 것보다 기회를 균등히 주는 평등한 사회에서 사회 구성원들과 조화를 이루며 살고 싶다"고 말했다. 그러면서 양극화가 심한 대표적인 곳으로 미국을 언급하며 "똑같은 기회가 있다면 그런 빈부격차는 일어나지 않을 것"이라고 덧붙였다.

어르신들과 자전거 타기 봉사활동을 하는 사이클링 위드아웃 에이지의 올레 카쏘 창업자도 "평등한 사회에서 더욱 행복할 수 있다"고 말했다. 이어 그는 "덴마크에도 부자가 있고 빈자가 있지만, 상대적인 것으로 모두에게 교육과 의료 등 평등한 기회가 주어지고 서로 존중하는 분위기가 있어 문제될 게 없다"고도 했다. 특히 카쏘 창립자는 왕정국가인 덴마크의 로열패밀리들을 예로 들며 "덴마크 여왕은 코펜하겐 시내에 자전거를 타고 돌아다닐 정도로 평범한 모습"이라며 "결국 부의 차이나 위치의 차이가 있다고 해서 배제하는 게 아니라 같은 사람이라고 인식해 서로 존중하는 게 덴마크의 힘"이라고 강조했다.

한두 명의 인터뷰이한테 같은 대답을 들었을 땐 그럴 수 있다고 생각했다. 그런데 취재 마지막 날까지 똑같은 대답이 이어졌다. 괜히 오기가 생겨 덴마크에 다시 태어나면 임금의 절반 가까이에 달하는 그 많은 세금을 또 내야 한다고 유혹 아닌 유혹을 해봤지만, 먹히지 않았다. 무상교육과 무상의료, 실업급여, 연금제도 등 강력한 사회보장제도에 대한 효능감을 경험한 덴마크인들은 "다음 생에도 복지국가에서 태어나고 싶다"고 모두 한목소리를 냈다.

마티나 필 키어스가드 코펜하겐무역관 수석컨설턴트는 "더 나은 사회를 만들고 더 많은 것을 누릴 수 있어 높은 세금을 부담하는 게 아깝지 않다"고 말했다. 장애인용 돌봄 제품을 판매하는 글로리아 문디 케어의 앤 메테 대표도 "기회의 땅보다 평등의 땅이 좋다"며 "유럽연합(EU) 국가 중 가장 높은 25% 부가가치세를 내지만, 덴마크엔 세금 납부는 익숙한 일"이라고 했다.

인터뷰이들처럼 자국에 대해 자부심 넘치는 말을 할 수 있는 원동력이 무엇인지 곱씹어보게 했다. 다음 생에도 덴마크를 선택하겠다는 건 모두에게 평등하게 주어지는 교육의 기회, 의료의 기회 등 든든한 사회복지 시스템을 바탕으로 한 사회에 대한 신뢰가 있어서 아닐까.

실제 덴마크를 왜 '신뢰 사회'라고 부르는지는 단 며칠간의 덴마크 생활에서도 느낄 수 있었다. '감시 사회'인 한국과 달리 덴마크에선 폐쇄회로(CC)TV와 차량 블랙박스를 찾아보기 어렵다. 프라이버시가 민감한 문제이기도 하지만, 덴마크인들은 테라스에 앉아 있는 할머니, 할아버지 등 노인분들이 많아 CCTV가 필요 없다는 고전적인 우스갯소리도 들려줬다.

이어 승차권을 따로 검사하는 개찰구 통과 없이 지하철을 탑승한다. 유동인구가 많은 역에선 검표원들이 열차 칸을 돌며 표를 확인하기도 하지만, 대체로 믿고 타는 분위기다. 또 차량 운전석 앞 유리에 시계 모양 스티커가 있는데 공영주차 구역에 주차를 시작한 시간에 바늘을 맞춰두기 위함이다. "악용하면 어쩌나"라는 질문엔 덴마크인들은 열이면 열 모두 신뢰 사회인 덴마크에 그런 의심스러운 눈초리를 보낸다는 게 이상하다는 듯 "이게 덴마크식(The danish way)"이라고 대답했다.

사회 전반에 자리 잡은 신뢰 시스템에 대한 덴마크인들의 자부심은 대단했다. 이런 게 바로 덴마크를 복지국가로, 다시 태어나고 싶은 나라로 만드는 힘이 아닐까.

- **글, 사진** 이소현
- **통·번역 도움** 코펜하겐 비즈니스 스쿨 박혜민

젊은 시니어 소비자 시대,
"기업들, 전략 확 바꿔라"

이동우 교수

"한국은 전 세계에서 가장 빠르게 나이 드는 나라입니다. 앞으로 20년간 매년 100만 명에 달하는 은퇴자가 나오고 노인인구도 늘어날 테죠. 하지만 지금은 전과 달리 젊고 활동적인 노인, 경험과 구매력을 갖춘 고급 소비자들의 시대입니다. 이들을 위한 새로운 경영 전략이 필요합니다."

이동우 고려대 고령사회연구원 특임교수는 이같이 말하며 "경영계가 시니어에 대한 생각을 확 바꿔야 한다"고 강조했다. 또한 "대표적 고령 국가로 꼽히는 일본이 고령사회가 되기까지 25년 걸렸지만 한국은 20년도 채 걸리지 않았다"며 "우리나라가 2~3년 안에 일본의 고령화 속도를 추월할 수 있다"고 예측했다.

낮은 출산율에 대한 우려도 있다. 이 교수는 "많은 인구학자가 0명대 출산율은 나오지 않을 것으로 예측했지만 한국은 2022년 합계출산율 0.78명을 기록했다"며 "전 세계적으로 이런 상황에서 출산율이 반등한 사례가 없다"고 짚었다. 단순히 숫자만으로 예측하기 어려운 시대가 오고 있다는 설명이다.

경제와 산업 분야에서는 저출산·고령화를 피부로 느끼게 된다. 고령인구가 늘고 젊은 인구가 줄어들면서 일할 사람이 점차 줄어들게 된다. 그럴 수록 기업들은 생산성을 담보하기 어려워질 것이다. 돈 버는 사람이 없으면 돈을 쓸 시장도 자연스레 쪼그라들 수밖에 없다. 반면 젊은 세대가 부양해야 할 노인이 많아지니 세금 부담은 커진다.

이 교수는 "통계청에서는 2060년에 65세 이상 인구가 전체의 43.9%를 차지할 것으로 예측했다"며 "이제는 국가 경제와 GDP, 생산가능인구, 경제활동인구의 미래 시나리오를 그려야 하는데 암울한 이야기만 나오게 될 것"이라고 했다. 이어 "경제보다 심각한 문제는 나라가 소멸해가고 있는 측면이 있다는 것"이라고 지적했다.

특히 이 교수는 경제 발전의 주축이던 한국 베이비붐세대가 본격적으로 퇴직하기 시작한 점을 지적했다. 우리나라에서는 1955년부터 1974년까지 20년간 매년 90만~100만 명이 태어났다. 이제 산업 현장에서 이들이 본격적으로 빠져나가기 시작했다.

이 교수는 "앞으로 20년 동안 매년 아직 너무나 건강한 이들이 최소 70만 명에서 100만 명이 은퇴하게 된다"며 "똑똑하고 부지런한 한국인들이 경제성장에만 몰두하다 보니 (인구 문제에 대한) 미래적 대안을 갖고 준비하지 못했다"는 진단을 내렸다. 아직 일할 수 있는 사람들이 퇴직자가 되면서 경제뿐만 아니라 사회적으로도 큰 변화가 있을 것이란 전망이다.

새로운 시대, 시니어 고객이 뜬다

그렇다면 노인인구가 늘어날수록 한국의 경제 · 산업 활력은 떨어지게 될까? 이 교수의 답은 '아니다'였다. 그는 "시니어, 즉 노인들에 대한 지금까지의 생각을 완전히 바꿔야 한다"는 조언을 내났다.

연약하고 힘없고 부양받아야 하는 존재가 아닌 새로운 경제 주체로서의 노인이 떠오르고 있다. 이미 전 세계 6070대 인구는 의학의 발달과 환경·식습관의 변화로 앞선 세대보다 건강한 삶을 영위하고 있다. 이른바 액티브(Active, 능동적인) 시니어의 시대가 도래한 것이다. 이 교수는 "장년층 기업인들을 만나면 집에 가서 같은 나이 때의 부모님 사진을 보고 누가 더 나이 들어보이는지를 살펴보라고 한다"며 "십중팔구 지금 사람들이 훨씬 젊다"고 했다. 그럼에도 기업들은 여전히 노인들을 홀로 생활하기 힘든 '패시브(Passive, 수동적인) 시니어'로 본다. 이 교수는 "기업들은 아직 너무 젊은 65세 이상 사람들을 관습적 노인으로 가정하고 이에 맞는 비즈니스를 하려고 한다"며 "이는 완전히 어긋난 선택이 될 것"이라고 경고했다.

인구 구조 변화의 시대를 맞아 이 교수는 "고객중심주의적 차원에서 노인에 대한 정의를 다시 내려야 한다"고 강조했다. '고객중심주의'는 최근 전 세계적 대세로 떠오른 신(新) 경영전략이다. 고객이 어떤 사람이며, 어떤 것을 원하는지를 분석해 이를 공략하는 것이다.

이제 노인은 '경험과 구매력을 갖춘 고급 소비자'로 새롭게 정의할 수 있다. 이 교수는 "구매력 있는 시니어들은 이미 좋은 것을 먹고, 입고, 써본 사람들"이라며 "이들을 그저 '노인'으로 딱지 붙여서는 안 된다"고 했다.

이미 고령 고객은 새로운 비즈니스 트렌드를 이끌고 있다. 미국 홈트레이닝 플랫폼 기업 '펠로톤'과 캐나다 스포츠 기업 '룰루레

몬'이 대표적이다. 펠로톤은 집에서 자체 애플리케이션과 실내 자전거를 활용해 다양한 운동을 할 수 있도록 한 신생 기업이다. 요가복을 판매하는 룰루레몬은 일명 '레깅스계의 샤넬'로 불린다. 젊은 세대가 주 소비층일 것처럼 보이지만, 사실 이들은 전 세계 시니어들의 사랑을 받고 있다. 이들이 전 세계 1위에 올라선 기반이 노인 소비자였던 셈이다.

이 교수는 "이들 기업은 시니어들에게 사랑받고 있지만 그들을 위한 마케팅을 적극적으로 펼치지는 않는다"는 점을 짚었다. '노인' 딱지를 붙인 마케팅의 허점을 지적한 것이다.

그는 "노인들도 노인, 시니어란 단어를 별로 안 좋아한다. 지금 자기가 나이 들었다고 생각하는 노인은 많지 않다"며 "이제부터는 고령인구가 압도적인 고객층으로 등장할 테다. 모든 비즈니스에서 다 '시니어'를 강조할 수는 없는 일"이라고 말했다.

노인을 위한 새로운 산업과 비즈니스 전략이 필요한 셈이다. 그는 "산업계에서부터 세대 구분론이 사라질 것이라는 이야기가 나오고 있다"며 "MZ세대, 베이비붐세대를 구분하지 않고 고객이 원하는 것을 줄 수 있는 경영 전략을 내놔야 한다"고 말했다.

이동우 교수는

한림대학교에서 법학을 전공 후 연세대학교 언론홍보대학원에서 저널리즘으로 석사학위를 받았다. 고려대학교 고령사회연구원 특임교수로, 초고령사회에 진입한 대한민국의 산업 경제와 사회 문제 등을 살피고 미래를 위한 해법을 연구하고 있다.

- 글 이다원 기자

단군 이래 노인 가장 많은 사회 온다 "AI서 답 찾아야"

곽재식 교수

"고령인구의 급증으로 한국 사회에 큰 혼란이 올 수 있습니다. 이미 우리에게 닥친 미래죠. 하지만 결국에는 AI와 로봇 등 기술을 통해 노인 문제를 해결해야 합니다. 희망을 갖고 이 시대를 돌파해야 합니다." 곽재식 숭실사이버대 환경안전공학과 교수는 저출산·고령화를 마주한 우리 사회에 이 같은 메시지를 던졌다. 기술 발전과 변화하는 인구 구조 사이에서 우리 사회가 가야 할 방향을 보여준 셈이다.

한국 사회에 고령화라는 어둠이 드리우고 있다. 곽 교수는 "현재 한국 인구 문제에서 가장 큰 문제는 젊은 인구 대비 노인인구가 너무 많아지는 것"이라며 "단군 이래로 젊은 인구에 비해 노인인구가 이 정도로 많은 시대는 없었다"고 지적했다.

이는 한국뿐만 아니라 전 세계적인 흐름이다. 곽 교수는 "세계 대부분 국가의 인구 추계를 보면 인구 증가의 이유가 높은 출산율 때문이 아니다"라며 "경제와 기술 발달로 50~60대이던 평균수명이 연장돼 고령인구가 늘면서 전체 수도 증가하는 게 보편적"이라고 했다.

다만 우리 사회는 속도가 더 빠르다. 곽 교수는 "곧 70대 이상 인구가 우리 인구의 20~30%를 차지하게 된다"며 "우리가 가장 대비하지 못한 상황이고 역사적으로도 한 번도 경험해보지 못한 시대가 오는 것"이라고 예측했다.

챗GPT를 필두로 고도화한 생성형 AI가 등장해 한국 사회가 변화할 것이란 전망도 있다. 사람의 일자리를 AI가 대체할 것이란 위기감도 팽배하다.

곽 교수는 AI가 인간의 일자리를 당장 뺏지는 않겠지만 산업 구조가 급변해 발생할 문제가 있다고 봤다. 그는 "챗GPT와 같은 AI가 당장 나를 대체하기 어려울지라도 AI로 인해 내가 잘릴 수도 있는 것"이라고 했다. 앞서 자동화 공정이 도입돼 사람이 직접 포장하는 일이 사라졌던 것처럼, AI 때문에 직무가 바뀌고 대규모의 구조조정이 일어날 가능성이 있다는 것이다.

젊은 세대 영향력 키워야

당장 한국 사회가 해결해야 할 과제가 쌓인 셈이다. 곽 교수는 문화적 · 관습적으로도 우리 사회에 큰 충격이 올 것으로 내다봤다. 그는 "노인 세대는 더는 소수가 아니라 주류"라며 "평범한 사람을 떠올렸을 때 '70살 이상은 돼야지'라고 생각하는 시대가 멀지 않았다"고 했다. 노인을 넘어 사람의 정의마저 바뀌는 시대가 다가오고 있다는 것이다.

한국 사회가 공유하던 문화적 기준도 바뀔 수 있다. 당장 정년 연장, 연금 수령 시기 조정 등 정책적 문제가 있다. 70대 이상 노인이 대부분인 사회에서는 공경과 배려로 소수자인 노인을 대우하자는 도덕적 관습이 무의미하다. 곽 교수는 "일상생활 하나하나가 경험해본 적 없는 시대가 올 것"이라고 말했다.

그동안 모든 사회는 젊은 세대와 기성세대가 갈등하면서도 적응하고 화합하며 발전해왔다. 신세대와 구세대의 세대교체가 이뤄지면서 문화 역시 바뀌었다. 하지만 노인인구가 늘어나는 구조에서는 이런 세대교체도 이뤄지기 어렵다.

곽 교수는 "1990년대만 해도 어떤 음악을 좋아하냐고 물었을 때 젊은 세대가 좋아하는 '힙합'이 다수였다"며 "지금은 '트로트'라는 답변이 아마 절대적인 수에서 다수를 차지할 것"이라고 예를 들었다. 기성세대의 문화가 힘을 이어가면서 젊은 세대의 문화는 상대적인 비중이 줄어드는 셈이다.

그럴수록 세대 간의 문화적인 틈은 벌어지고 있다. 그는 "10~20대는 유튜브나 SNS에 집중하는 반면 TV에서는 나이 든 사람 취향에 맞는 프로그램이 편성되고 있다"며 "학계 역시 젊은 연구자나 교수보다 기성세대의 영향력이 커지면서 학문 발전에 젊은 의견이 충분히 반영되지 않는 듯하다"고 했다.

문화가 바뀌지 않는다면 사회는 멈춘다. 곽 교수는 "세상을 계속 새로운 방향으로 이끌고 가려면 새로운 문화를 받아들이고 변화를 통해 발전해야 한다"며 "지금은 과거보다 훨씬 적극적으로 젊은 세대의 의견을 들으려고 해야 하는 시대"라고 말했다. 이어 "이해가 안 가더라도 새로운 세대의 영향력을 키우기 위해 의식적으로 노력해야 한다"고 강조했다.

인구 절벽, AI · 로봇 기술로 희망 찾아야

한국이 '노인의 나라'가 되는 것은 필연적이다. 곽 교수는 "인구만큼 미래가 뻔히 보이는 것이 없다"며 "노인이 늘고 어린이 등 젊은 세대가 없어서 과거와 다른 세상을 살게 되는 것은 이미 우리에게 닥친 미래"라고 말했다.

현재로서는 짧은 시간 안에 출산율이 반등하는 것은 불가능하다. 최소한 20~30년의 세월을 두고 해결해야 하는 문제다. 그는 "반대로 생각해보면 늘어나는 인구를 줄어들게 하는 데도 비슷한 시간이 걸렸다"며 "출생을 늘려 대세를 반전하는 단기 정책은 없다. 문화적으로 해결해야 할 문제"라고 단언했다.

곽 교수는 이러한 상황에서 AI, 로봇 등 발전한 과학기술이 해답일 수 있다고 봤다. 그는 "몸이 힘들고 움직이기 어려운 노인들을 도울 노동력이 젊은 세대에서 나오지 않을 수 있으니 AI와 로봇을 활용해야 한다"고 말했다.

한국보다 먼저 고령사회에 진입한 일본은 이 같은 아이디어를 구체화하고 있다. 곽 교수는 "일본은 이미 1990년대 초반부터 노인 문제에 로봇을 활용하는 방법을 많이 생각한 것 같다"며 "로봇 기술이 세계에서 가장 발달한 나라이지 않나"고 했다. 이어 "실질적 효과와는 별개로 큰 흐름은 유효한 듯하다"고 덧붙였다.

고도화한 기술을 활용해 인구절벽을 돌파하자는 이야기다. 그는 "20~30년의 세월이 지나 대세가 바뀔 것이라는 희망을 품고 이 기간을 어떻게 버틸지를 생각해보자"고 말했다.

곽재식 교수는

숭실사이버대 환경안전공학과 교수. 한국과학기술원(KAIST)에서 원자력과 양자공학을 전공했고 연세대학교 대학원에서는 기술정책 관련 박사학위를 받았다. 과학 지식, 기후 · 환경 변화까지 넓은 범위의 책을 썼다. 인간과 과학기술의 공존에 대해 고민하며 이에 대한 인사이트를 공유하고 있다.

- 글 이다원 기자

4 CUBA

- ● 수도   아바나
- ● 언어   에스파냐어
- ● 화폐단위   쿠바페소(CUP, $MN)
- ● 면적   1,098만 8,000ha 세계106위(2021 국토교통부, FAO 기준)
- ● GNI(1인)   8,920달러(2019 World Bank
       국민 계정 데이터, OECD 국민 계정 데이터 파일)
       * GNI(1인): 1인당 국민총소득

인구

👤 단위: 명
출처: 통계청 <장래인구추계>

Population

2022년
11,212,000명

출산율

👤 단위: 명
출처: UN <세계인구전망 2022>
＊ 출산율=가임여성 1명당 명

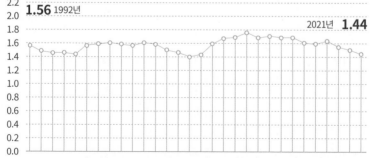

1.56 1992년

2021년 **1.44**

연령별 구성비

단위: %
기준: 2021년

● 0-14 ● 15-64 ● 65+

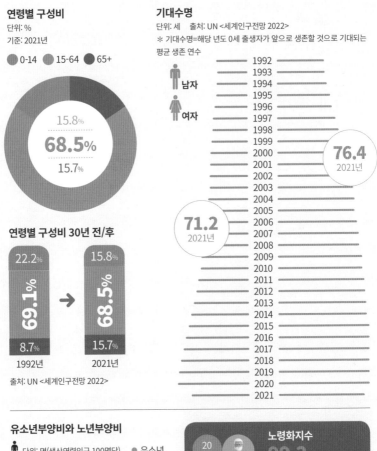

15.8%
68.5%
15.7%

기대수명

단위: 세 출처: UN <세계인구전망 2022>
* 기대수명=해당 년도 0세 출생자가 앞으로 생존할 것으로 기대되는 평균 생존 연수

🚹 남자
🚺 여자

1992
1993
1994
1995
1996
1997
1998
1999
2000
2001
2002
2003
2004
2005
2006
2007
2008
2009
2010
2011
2012
2013
2014
2015
2016
2017
2018
2019
2020
2021

76.4
2021년

71.2
2021년

연령별 구성비 30년 전/후

22.2%
69.1%
8.7%
1992년

→

15.8%
68.5%
15.7%
2021년

출처: UN <세계인구전망 2022>

유소년부양비와 노년부양비

🚹 단위: 명(생산연령인구 100명당)
출처: UN <세계인구전망 2022>

● 유소년
● 노년

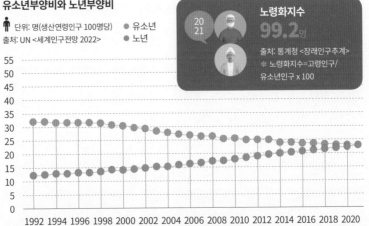

노령화지수

20
21

99.2명

출처: 통계청 <장래인구추계>
* 노령화지수=고령인구/
유소년인구 x 100

* 유소년인구=0~14세, 생산연령인구=15~64세, 고령인구=65세 이상
* 유소년부양비=유소년인구/생산연령인구 x 100 * 노년부양비=고령인구/생산연령인구 x 100

'나이듦'을
받아들이는

개인과 국가의
여유

낯설고 먼 나라로 나이듦을 배우러 떠난 이유

공항 검색대에 고양이가 다니는 것은 처음 본다. 어떻게 들어왔
지…. 공항이라기보다는 시골 터미널 같은 느낌? 이런 정신없는
곳에서도 일을 할 수 있나 싶은데 모두 놀랍게도 열심히 일을 하
고 있다. 엄청나게 느려서 정말 줄기는 하는 건지 의심스러운 입
국 수속 줄에도 불구하고(인천공항으로 출입국하는 민족은 상상
할 수 없는 속도였다) 사람들이 화를 내지 않는다.

결국 시내까지 예약했던 택시 기사를 1시간 넘게 기다리게 만들
었는데 이 기사도 화를 내지 않는다. 하얀 러닝셔츠 바람의 동
네 아저씨 같은 기사는 오히려 웃으면서 "Buenas Noches(좋은 밤
이에요)"라고 인사하고 악수를 청한다. 한국 도로에서 굴러갈 수
있을지 모르겠는 엄청나게 낡은 수동 차량이 이 기사의 택시다.

밤에도 이렇게 후덥지근하다면 짜증 내지 않고 살기가 쉽지 않을 텐데 어떻게 사람들이 이런 걸까? 신기할 정도의 여유, 도착 첫날부터 인상에 남은 쿠바의 모습이다.

"한 사람의 생명이 부자들의 모든 재산보다 소중하다"

10년 전 대학을 다닐 때 〈체 게바라 평전〉을 읽었다. 아르헨티나의 젊은 의대생이었던 체 게바라(Che Guevara)는 낡은 오토바이를 타고 중남미 대륙을 여행한 끝에 "민중들을 위해 일하겠다"며 의사가 아닌 게릴라가 됐다. 한국에서는 대표적인 '고연봉 전문직'으로 여겨져 '의느님'이라고도 불리는 의사의 길을 뒤로 한 채 혁명가가 되는 것은 쉽지 않은 선택이었을 것이다. 2023년 여름 취재를 위해 방문한 쿠바의 수도 아바나(Havana) 내 한 병원 대기실에서 체 게바라의 얼굴과 "한 사람의 생명이 부자들의 모든 재산보다 소중하다"는 그의 말이 붙어 있는 것을 봤을 때 10년 전의 기억이 다시 떠올랐다. 쿠바는 어떤 나라일까?

한국에서 쿠바는 1만km 넘게 떨어져 있는 작은 섬나라다. 물리적으로도 거리가 먼 데다가 정식 수교국이 아닌 만큼 잘 알려지지 않은 곳이다. 쿠바에 가려면 직항 항공편도 없어서 하루가 넘는 시간을 비행기에서 보내야 한다. 체 게바라와 함께 몇 번쯤 들어봤을 '쿠바 미사일 위기', 영화 '부에나 비스타 소셜 클럽', 어니스트 헤밍웨이(Ernest Hemingway) 소설 〈노인과 바다〉의 배경 등으로 알려져 있는 것이 대부분이다.

그러나 쿠바는 흔한 고정관념 속 중남미의 이미지와 다르게 고령화 비율은 선진국과 비슷한 수준이며, 세계적인 장수 국가 중 하나기도 하다. 실제로 2020년 기준 쿠바의 남녀 평균 기대수명은 77.6세다. 쿠바는 어떻게 이런 모습이 되었을까 궁금해졌다.

중남미의 많은 국가들처럼 쿠바 역시 스페인의 식민지였다. 오랜 식민지 시절 후 미국과 스페인 간 전쟁을 계기로 1902년 독립에 성공했지만, 미국의 '사탕수수 기지'처럼 여겨지며 실질적으로 미국의 지배를 받는 독재 정권이 들어섰다. 이후 체 게바라와 피델 카스트로(Fidel Castro) 등이 1953년 혁명을 일으킨 이후 쿠바는 사회주의 국가가 됐다. 혁명 이후의 쿠바는 사회주의 이념에 따라 100% 무상교육과 무상의료 등 사회 체제를 갖춰나가기 시작했다. 실제로 취재 중 쿠바에서 만난 노인들은 혁명기에 대한 추억이 깊었다. 이들은 피델 카스트로를 '코만단테(comandante, 사령관)'라고 부르며 "코만단테 덕분에 학교에 다닐 수 있었다"고 과거를 추억하곤 한다.

한국과는 거의 모든 것이 정반대인 나라인 만큼 국내에서 취재를 준비하면서도 의문점이 끊이지 않았다. 병원 시스템부터가 달랐다. 쿠바는 동네 곳곳에 마련된 '보건소' 개념의 '콘술토리오(Consultorio)', 종합병원 역할을 하는 '폴리클리니코(Policlínico)' 대형 병원과 연구 기관 등을 겸하는 '오스피탈(Hospital)' 3단계로 이루어진 의료제도를 갖추고 있다.

콘술토리오의 의사들은 지역 주민들과 밀접한 관계를 맺으며 의사 그 이상의 역할을 한다. 주민들에 대한 세세한 정보와 일상을 기록하며 사각지대를 찾는다. 그리고 아프거나 도움이 필요한 이들이 있다면 상급 병원에 연결해준다. 치료보다는 예방에 초점을 둔 셈이다. 의사들은 앉아서 환자를 기다리는 대신 왕진 가방을 들고 돌아다니며 주민들을 돌본다. 쿠바의 의사는 '의느님'보다는 동네에서 흔히 볼 수 있는 이웃의 얼굴을 하고 있다. 이러한 의사를 양성하기 위한 교육 역시 무상으로 이뤄진다.

쿠바에서 만난 한 의사는 "20년 넘게 의사 생활을 했고, 아프리카 등 해외 파견도 다녀왔다"며 "미국이나 한국 등에서 의사 생활을 하는 것과 비교하면 힘들지만 이보다 보람이 있는 일은 드물 것"이라고 자부심을 드러냈다.

실제로 동네 곳곳에 의사가 자리한 만큼 쿠바의 인구 1,000명당 의사 수는 8.42명으로, 한국(2.41명)의 약 4배에 달하며, 총 국가 지출에서 의료비 지출이 차지하는 비율 역시 15.88%로 한국(14.32%)보다 높은 수준이다. 어쩌면 한국과 완전히 다른 만큼, 다르게 나이듦에 대한 방법을 배울 수 있지 않을까. 국내에서 사전 취재를 하는 과정에서 쿠바의 의료제도에 대한 참여관찰은 물론, 다양한 논문을 쓰고 직접 아바나대학교(Universidad de la Habana) 의대에서 공부 중인 정이나 박사의 논문을 많이 읽었다.

쿠바의 3단계 의료시스템

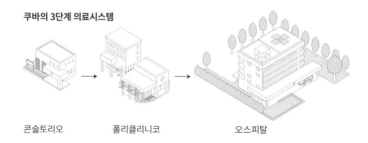

콘술토리오   폴리클리니코   오스피탈

정 박사는 "쿠바는 단순히 '사회주의' 하나로는 설명하고 일반화할 수 없는 나라"라며 "먼 길이겠지만 직접 와서 본다면 많은 경험을 하게 될 것"이라고 말했다. 정반대의 나라, 쿠바에 대한 취재는 그렇게 시작됐다.

"나이듦은 모두의 문제" 지구 반대편 쿠바가 나이드는 법

쿠바의 수도 아바나에 위치한 한 병원에서 만난 노엘(88세) 씨와 플로르(83세) 씨는 60년째 함께 사는 부부다. 젊었을 때 건축사로 일하던 노엘 씨는 경험을 살려 은퇴 후에도 집에서 할 수 있는 일을 한다. 플로르 씨는 매일 아침 에어로빅과 태극권을 즐긴다. 이들은 "풍족하지는 않아도 마음 편하게 올 수 있는 병원이 있고 함께 살 수 있다는 점에는 만족한다"며 일상을 소개했다.

쿠바는 전체 인구 중 60세 이상 인구가 차지하는 비율이 약 22%에 달한다. 출산율이 높고 사망률 역시 높은 대부분의 중남미 국가들과는 반대되는 모습이다. 2021년 기준 기대수명 역시 73.7세에 달해 브라질(72.8세), 멕시코(70.2세)보다 높다. 출산율은 대체로 2명 수준인 중남미 국가들보다 낮은 1.44명 수준에 그쳐 '저출산·고령화' 문제를 고민 중이기도 하다.

이러한 쿠바의 인구 구조는 '무상 의료제도'와 연관이 깊다. 쿠바의 아기들은 태어나자마자 20여 개에 달하는 예방 접종을 무료로 맞고, 아프면 언제든지 진료를 받을 수 있다. 지역사회와 예방 중심의 의료 체계를 구축해 선제적으로 대응하는 것이다.

세계은행(World Bank, WB)의 보고에 따르면 2019년 기준 쿠바의 인구 1,000명 당 의사 수는 8.42명으로, 한국(2.41명)의 4배에 가깝다. 의약품과 의료 물자 등이 부족한 상황에서도 가족 단위는 물론, 지역 사회에서부터 고립이 없도록 인적 자원을 활용하고 있는 셈이다.

이들은 국가 차원에서 노화연구소를 만들어 나이듦을 고민하기도 한다. 노화연구소 입구에는 쿠바의 혁명가이자 의사 출신이기도 한 체 게바라가 남긴 "한 사람의 생명이 부자의 모든 재산보다 소중하다"는 말이 적혀 있다. 레오나르도 로메로 하르디네스 노화연구소 부국장은 "육체적인 건강은 물론, 정신적으로 건강하고 '계속 살고 싶다'는 동기부여가 중요하다"며 "노화는 모두가 겪는 문제인 만큼 함께 고민이 필요하다"고 말했다.

쿠바는 이러한 고민을 통해 노인의 '사회적 역할'을 재설정하는 것을 목표로 하고 있다. 후안 카를로스 쿠바 국가통계국(Oficina nacional de estadísticas e información, ONEI) 부국장은 "은퇴라고 해서 단순히 연금을 주고 끝내는 것이 아니라 노인들이 직접 일

1 쿠바 아바나에 위치한 노화연구소의 입구. 체 게바라의 얼굴과 그가 남긴 '한 사람의 생명이 부자의 모든 재산보다 소중하다'는 문구가 적혀 있다. **2** 후안 카를로스 ONEI 부국장.

하고, 사회적으로 다시 기능하도록 돕는 것이 우리의 목표"라며 "경제가 어렵더라도 의료와 공공 교육 등 국가가 책임질 수 있는 부분은 책임지며 노인이 자신의 새로운 역할에 적응할 수 있도록 도와야 할 것"이라고 말했다.

돈 없는 치매 노인도 요양시설 입주, 국가가 돌봐준다는 신뢰 굳건

쿠바의 수도 아바나의 플라야(Plaza) 지역, 대로변에 파란색으로 칠해져 눈에 띄는 집이 있다. 발코니에는 안락의자에 앉아 노인 여럿이 담소를 나누고 있다. 직접 문을 열어주며 인사를 건넨 다니 로드리게스(79세) 씨는 이곳 '노인의 집(Casa de Abuelos)'에서 친구들과 하루를 보낸다고 했다. 다니 씨는 "친구들과 음악을 듣고 책을 읽고, 체조를 하거나 도미노 게임을 하는 것이 즐겁다"며 "혼자가 아닌 삶이야말로 건강한 노인이 되는 비법"이라고 밝혔다.

"함께 늙어간다는 인식이 가장 중요해"

노인의 집에서 만난 이들은 "삶의 어떤 부분이 가장 좋냐"는 질문에 모두 "함께할 수 있다는 것이 좋다"고 입을 모았다. 노엘리아(91세) 씨는 "함께 사는 가족이 있지만, 이곳에는 또 다른 가족이 있다"고 소개했다. 노인의 집에 온 지 일주일여 됐다는 레글라(76세) 씨 역시 "자녀들이 타지에 살아서 혼자 살고 있었는데, 이곳에서는 다양한 활동도 할 수 있고 인간의 온정도 느낄 수 있다"고 말했다.

아바나 내 이러한 노인의 집은 49곳에 달한다. 오전 7시 30분부터 오후 5시까지 문을 열고, 세 끼 식사가 제공된다. 산책과 운동은 물론, 다양한 활동 프로그램이 있으며 노인들은 자유롭게 이에 참여할 수 있다. 벽 곳곳에는 노인들이 직접 그린 그림과 함께 손수 만든 인형도 걸려 있다. 이들은 자신이 젊었을 때 유행하던 음악을 듣거나, 젊었을 때의 흑백 사진을 보고 서로 누구인지 알아맞히는 게임 등을 즐긴다. 또 지역 아이들과 만나 이야기를 나누거나, 원한다면 미겔 디아즈카넬(Miguel Díaz-Canel) 쿠바 대통령에게 직접 편지를 써 사회의 어른으로서 정책 조언도 할 수 있다.

쿠바 아바나에 위치한 노인의 집. 노인의 집은 60세 이상이면 누구나 방문할 수 있으며, 다양한 프로그램을 즐기며 하루를 보낼 수 있다.

이러한 노인의 집은 쿠바인들에게는 친숙한 장소다. 노인들이 한 달에 받을 수 있는 최소 연금은 1,500쿠바페소(한화 약 7만 원) 수준이지만, 식량과 생필품이 배급되고 의료비 부담이 들지 않으며, 원한다면 노인의 집을 방문해 서비스를 누릴 수 있어 최소한의 생활은 가능하다. 또한 원한다면 은퇴 연령을 넘겨서 일을 계속 할 수도 있다. 오마르(76세) 씨는 "코로나19와 미국의 경제 봉쇄 이후 우유와 유제품 등 수입품은 구하기 어려워졌다"라면서도 "기본적인 생활에 지장이 없고, 수동적으로 살지 않을 수 있다는 것이 만족스럽다"고 말했다.

마리엘라(63세) 씨 역시 은퇴 연령을 넘겨 31년째 노인의 집에서 일하고 있다. 마리엘라 씨는 "60살 이상이라면 모두 이곳의 식구가 될 수 있다"며 "가족과 떨어져 살거나, 가정에서 제대로 도움을 받지 못하는 노인 등 도움이 필요하면 이곳에서 함께할 수 있다"고 말했다. 단순히 TV를 보더라도 혼자가 아닌, 타인과 함께 한마디라도 더 나눌 때 노인들의 '사회 구성원'으로서의 감각이 살아날 수 있다는 것이 그의 생각이다.

상주하는 마리엘라 씨 외에도 의료와 일상 프로그램을 설계하는 의사, 사회복지사 등이 팀을 이뤄 노인들을 돕는다. 의사 아나 씨는 "노인의 집은 지역사회 단계에서 노인들의 활동을 돕고, 고독으로 인한 문제나 질병을 예방하기 위한 가장 기초적인 수단이 된다"고 했다. 다른 의사 알베르토 씨 역시 "'할 수 있다'는 느낌이 노인들을 건강하게 만들어준다"며 "일상 속 '관계 맺음'을 통해 노인들에게 사회 내 역할을 부여하고, 사회나 국가가 이들과 함께하고 있다는 인식이 중요하다"고 강조했다.

"넉넉하진 않아도 살아 있는 것이 좋아요"

지역 사회에 마련된 노인의 집 외에도 쿠바에는 치매 등으로 인해 어려움을 겪고 있는 노인들이 24시간 상주하며 이용할 수 있는 시설도 마련돼 있다. 아바나 산타페(Santa Fe) 지역에 위치한 '노인의 보금자리(Hogar de ancianos)'는 2층짜리 건물로, 16명의 노인들이 24시간 생활한다. 이들을 위해 의사 1명과 간호사 등 보조인력 16명이 상주해 일상을 돕는다.

비용도 큰 문제가 되지는 않는다. 한 달에 내야 하는 비용은 1,260쿠바페소(한화 약 6만 원)이며, 이마저도 낼 수 없다면 국가가 지불한다. 이곳의 관리자 리세 씨는 "지역 사회에서 도움이 필요한 노인이 입소하면, 이곳에서는 하루 3번 건강 체크를 통해 다시 상위 의료기관으로 연결이 이뤄진다"라며 "노인인구가 많고, 더 늘어날 것으로 예상되는 만큼 정부에서도 가장 신경 쓰고 있는 곳"이라고 말했다.

이곳의 노인들은 대부분 치매를 앓고 있지만, 무력하게 앉아있지만은 않았다. 이들 역시 자신이 젊었을 때 나오던 노래를 감상하고, 손을 흔들거나 간단한 대화도 가능하다. 젊었을 때 시인이었다는 카리다(86세) 씨는 이곳에서 17년째 살았다. 치매를 앓고 있음에도 카리다 씨는 지금 기분을 묻자 "아침마다 햇살이 내 얼굴에 입을 맞춰주는 것 같다. 살아 있는 것이 좋다"며 웃었다. "내 시가 어땠냐"고 묻는 카리다 씨에게 간호사들은 박수를 쳐주

노인의 보금자리에 거주하는 노인들과 의료진들.

었다.

쿠바는 코로나19로 인해 주요 산업인 관광업에 타격을 입은 후 어려움을 겪고 있다. 미국의 경제 제재 등도 고민으로, 휘발유와 의약품 등 각종 생필품이 풍족하지 않다. 그럼에도 가족은 물론, 지역에서부터 시작되는 보살핌 체제에 대한 신뢰는 존재했다. 리세 씨는 "단순히 돈이 없다고 해서 시설에 들어오지 못하는 것은 말이 되지 않는다"라며 "늙어가는 것은 모두가 당면한 문제인 만큼, 계속 노력을 이어갈 것"이라고 강조했다.

CUBA

지역과 가족이 함께 '노화' 관리

2021년 1조 달러 이상을 기록해 GDP 순위 11위였던 한국과 비교하면 쿠바의 GDP는 820억 달러로, 10분의 1 수준에 그친다. 소련의 붕괴와 미국의 경제 제재로 인해 경제난에 시달리며 매일 아침마다 긴 배급 줄을 서는 쿠바인들이지만, 이들에겐 늙어도 혼자가 아니라는 믿음이 있다.

아바나에서 만난 레오나르도 로메로 하르디네스 노화연구소 부국장은 "단순히 경제적인 지원 외 복합적인 지원을 통해 나이듦을 준비해야 한다"고 말했다.

취재를 위해 방문한 아바나의 칼릭스토 가르시아(Hospital Clínico Quirúrgico Calixto García) 병원. 이 병원에는 국가가 직접 운영하

노화연구소에서 노인 환자들이 진료를 기다리고 있다.

레오나르도 로메로
하르디네스 쿠바
노화연구소 부국장.

는 노화연구소가 함께 설치돼 노인들의 건강한 노화에 대해서도 연구가 이뤄지고 있다. 노인 관련 질병 치료도 가능해 아픈 노인들 중 지역 진료소나 일반 병원보다 전문적인 치료가 필요하면 방문하는 것도 가능하다. 시설의 수준은 한국에 비하면 다소 낡았지만 병원을 가득 메운 의료진들은 환자를 직접 부축하며 인솔하고, 의사들은 한 방에서 오랫동안 환자와 대화를 나눴다.

하르디네스 부국장은 한국과 다른 쿠바의 의료시스템을 소개했다. 지역 주치의 역할을 시행하는 콘술토리오를 기반으로 일반 병원과 전문 병원으로 이어지는 3단계 구조를 통해 치료보다 예방 중심, 중앙보다 지역 중심으로 치료의 패러다임을 설정한 것이다. 여기에 노령연금과 은퇴 후에도 특별 법령을 통해 일할 수 있는 기회를 보장하며 고령화에 맞춰 노인들의 최소 생활을 보장하기 위해 노력하고 있다.

하르디네스 부국장은 "작은 단위부터 노인들의 기능을 보살핀후, 종합적인 정책을 세우는 것이 중요하다"며 "단순히 신체적인건강뿐만이 아닌, 가족과 지역에서부터 이들의 정신적인 안위를챙기고 역할을 고민할 수 있게 만들어줘야 한다"고 말했다.

실제로 콘술토리오의 의사들은 단순한 의료인을 넘어, 지역의총체적인 보건 관리자 역할까지 수행한다. 1주일에 1번은 가정방문을 하고, 환자의 가족 관계나 이웃 관계 등을 꿰고 있는 것은 물론이다. 하르디네스 부국장은 "기초 단계부터 구성된 쿠바의 시스템과 더불어 가족을 소중히 여기는 문화 등이 전부 도움이 된다"고 말했다. 그는 "노인 자체의 문화는 물론, 가족 안에서의 역할을 설정해나가며 노화 문화를 구축하는 것이 중요하다.건강한 사회를 위해서 노인의 역할을 재설정하고, 이들이 '짐'이아니라는 인식이 만들어져야 한다"고 강조했다.

하르디네스 부국장은 노화연구소의 실험실, 의료진 등을 직접소개해주기도 했다. 운동기구를 갖춘 방이 있어 노인들이 직접운동능력을 측정하고, 재활치료를 받을 수도 있다. 의료진 중 최고 베테랑은 73세로, 여전히 현역 의사로 활동하며 노인들의 목소리를 직접 듣고 연구에 대한 의견을 개진한다. 하르디네스 부국장은 "나이듦 역시 인간에게 주어진 역할 중 하나로, 건강한노화가 우리 모두의 목표가 돼야 한다고 생각한다"며 "개인의 문제가 아닌 만큼, 전체 사회에서 노인 스스로가 역할을 찾고 적응

해나가기 위해서는 사회와 국가 차원의 노력이 무엇보다 중요할
것"이라고 말했다.

"노인의 목소리에 귀 기울여보세요"

"노인을 단순히 돌봐야 할 대상으로 바라보기보다는 노인들의
이야기를 듣고 실제 삶을 이해할 때 우리 스스로도 나이듦에 대
해 제대로 인지할 수 있지 않을까요?"

테레사 오로사 프라이즈(Teresa Orosa Fraiz) 쿠바 아바나대학교
심리학과 교수(69세)는 이렇게 말했다. 프라이즈 교수는 쿠바의
공식 은퇴 연령인 60세를 넘겼지만 노인심리학 분야에서 여전
히 활발히 학술 활동과 연구를 하고 있으며, 2022년에는 UN의
'건강한 노화를 위한 50인의 세계 리더' 중 한 명으로 선정되기도
했다. 프라이즈 교수는 "노인의 목소리를 직접 들어야 우리 사회
가 노화에 대한 올바른 준비를 할 수 있다"고 강조했다.

현재 쿠바의 60세 이상 노인인구는 전체의 20%에 달한다. 길거
리의 시민 10명 중 2명은 노인인 셈이다. 이처럼 사회의 한 구성
원임에도 노인들은 소외되기 쉽다는 것이 프라이즈 교수의 생각
이다. 그는 "경제적 여건과 의료시스템을 갖추는 것 외에도 교육
이 필요하다"며 "실제로 노인들이 원하는 것을 인지하고 연구할
때 노인 당사자는 물론이고, 젊은이들도 자연스럽게 나이듦을
준비할 수 있다"고 설명했다.

프라이즈 교수는 심리학을 전공하고 아바나대에서 최초로 노인
대학(Universidad De La Tercera Edad) 프로그램을 창설했다. 어느

덧 23년째를 맞은 이 프로그램을 통해 새로운 배움을 얻어간 노인은 1만 9,319명에 달하며, 이제는 쿠바 곳곳의 다른 대학교로도 퍼져나가고 있다. 프라이즈 교수는 이러한 활동이 노인들에게 자기효능감을 심어주는 것은 물론이고, 세대 간 이해도도 높일 수 있다고 설명했다.

교육을 통해 노인들이 사회 내 새로운 역할로 자리잡을 수 있다는 것이 그의 생각이다. 프라이즈 교수는 "젊은이들은 노인들의 삶에 대한 이해 자체가 부족하고, 노인들 역시 새로운 경험이 필요한 상황"이라며 "노인들이 진정으로 원하는 것이 무엇인지, 일상에서 어떠한 차별을 겪는지 등 세세한 부분을 살펴보고, 이에 맞게 사회가 함께 움직여야 변할 수 있다"고 말했다. 이어 "그러한 준비가 돼야, 젊은 세대 역시 나이듦을 자연스러운 과정으로 받아들이고, 두려워하지 않을 수 있을 것"이라고 덧붙였다.

이를 위한 제도적 차원의 노력도 이뤄지고 있다. 쿠바는 2022년 9월 '가족법' 개정안을 통과시켰다. 가족법 개정안에는 동성혼 법제화 등 새로운 형태의 가족을 포함하는 내용뿐만이 아니라 노인이 가족에서 누릴 수 있는 권리와 의무도 명문화돼 있다. 이를테면 노인들은 가족들과 대화할 수 있는 권리가 있으며, 심지어 이혼 가정의 손자, 손녀들과도 만날 수 있다. 여기에 가족들을 돌보거나 본인 스스로를 돌보고, 후손들에게 교훈을 줄 수 있도록 스스로 노력해야 한다는 의무도 주어진다.

이처럼 노인 스스로가 사회 구성원으로서 의미를 찾을 수 있도록 쿠바에선 다양한 시도가 이뤄지고 있다. 노인들은 원한다면

은퇴 이후에도 일을 할 수 있고, 사회의 어른으로 대우받는다. 프라이즈 교수는 코로나19가 극심했을 당시, 세계 노인의 날인 10월 1일 이뤄진 행

테레사 오로사 프라이즈 교수.

사를 소개했다. 프라이즈 교수는 "록다운으로 도시가 멈췄을 때, 집에서 돌봄을 책임지고 가족들을 돌봤던 영웅은 노인들이었다"며 "단순한 숫자나 사망률, 노령 인구로 기억되는 것이 아닌 한 사람으로서 존재하고, 역할이 주어진 시민으로서 이들을 기억해야 한다"고 말했다.

경제적으로 어려운 나라의 나이듦 정책

쿠바는 빠르게 변해가고 있는 나라다. 고립된 사회주의 국가의 틀 안에 남아 있기에는 해결할 숙제가 많기 때문이다. 기본적으로 받을 수 있는 연금, 무상의료 등 제도를 갖추고 있어도 경제적 어려움은 쿠바가 당면한 문제다. 이러한 어려움 속에서 쿠바의 젊은이들은 "돈을 벌기 위해 해외로 나가고 싶다" "이 나라가 싫다"는 불만을 표하기도 한다. 더 나은 나이듦을 위해 현재의 쿠바는 어떤 고민을 하고 있을까.

쿠바는 혁명과 함께 1963년 연금법을 통해 기초 사회 연금제도의 틀을 마련했다. 30년 이상 일한 쿠바 시민이라면 연금법상 연금을 수령할 자격이 주어진다. 한 달에 받을 수 있는 최소 연금은 1,500 쿠바페소(한화 약 7만 원) 수준이지만 부양가족과 건강 상태 등 개인의 사정에 따라 받을 수 있는 금액이 늘어난다. 여기에 대부분의 생필품은 돈을 주고 구매하는 것이 아니라 배급제를 통해 해결한다. 2008년 연금개혁을 통해 쿠바는 2008년 수급 연령을 남성 65세, 여성 60세로 기존보다 5년가량 상향 조정했다. 2030년에는 노인인구 비율이 30%를 돌파할 것으로 예상되고 있어 정부는 다시 연금을 받을 수 있는 연령을 5년가량 상향하는 안을 고민 중이다.

쿠바 노동부의 비히야 담당자는 "단순히 경제적인 부분만 보살펴주는 것이 국가의 역할은 아니다"라며 "사회적 지원, 정서적 지원 등을 동시에 이룰 수 있도록 마을 사회복지사는 물론, 지역 사회와 가족 등을 통한 보살핌도 이뤄질 수 있도록 접근하고 있다"고 설명했다. 한국인의 시각에선 부족해 보이는 금액이더라도, 비경제적인 부분의 보살핌 역시 중요하다는 의미다. 동네마다 마련된 노인의 집과 같은 시설, 콘술토리오를 통한 마을 의사와 사회복지사들의 보살핌 등을 통해 고립되지 않도록 늙어가게끔 만드는 것이 이들의 목표다.

또한 은퇴가 필수가 아니기 때문에, 쿠바의 노인들은 원하면 일을 할 수 있다. 비히야 씨는 "노동시간은 줄여 나가는 것이 전 세계적인 추세이고, 중남미 역시 1주일에 40~44시간 정도를 목표로 추세를 따르고 있는 것은 마찬가지"라며 "일하는 시간당 생산성을 늘리는 것이 필요한 것이며 단순히 노동시간을 늘리거나 노동하는 인구 자체를 늘리는 것은 해결책이라고 할 수 없다"

고 말했다. 지속가능한 노동 부서에서 일하는 유메르키 담당자는 "쿠바는 현재 '존엄성 있는 노동' 프로그램을 통해 노동자들이 회사 운영에 직접적으로 목소리를 내는 등 참여를 늘리고 있다"며 "이러한 경험을 통해 일이 곧 자신의 삶과 연결되고, 보다 가치 있다고 느낀다면 생산성 향상에도 도움이 될 것"이라고 덧붙였다.

이러한 쿠바의 노력에 대해 젊은이들의 생각은 어떨까? 아바나 시내에서 만난 젊은이들의 반응은 엇갈렸다. 복지제도 등에 대한 인식은 공유하고 있지만, 인터넷과 SNS를 통해 실시간으로 전 세계와 접하는 만큼 현실에 대한 답답함도 크다.

라우라(19세) 씨는 "연금이 있지만 부족하다. 다만 '노인의 집' 등 시설은 익숙하다"고 말했다. 소셀리(19세) 씨 역시 "길에서 가족 없이 구걸을 하는 노인들도 있는 것이 쿠바의 현실"이라며 "정부는 지금보다 더욱 많은 노력을 할 수 있을 것"이라고 말했다. 스티비(21세) 씨는 "늙는 것은 아름답고 나는 할머니와 할아버지를 정말 사랑한다"면서도 "이들을 위해서 국가가 더 많은 것을 할 수 있을 것이다, 말로만 하는 것 이상이 필요하다"고 비판하기도 했다.

이처럼 다양해지는 젊은이들과 함께 새로운 사회를 만들어가야 하는 것은 쿠바의 새 과제가 될 것이다. 실제로 코로나19를 겪으며 쿠바는 관광업 회복과 더불어 민간투자 확대 등 문호를 열고 있기도 하다. 한국의 통계청에 해당하는 쿠바 국가통계국(ONEI)의 후안 카를로스 부국장은 "단순히 쿠바를 '가난한 나라'로 판단할 수는 없다. 높은 기대수명과 교육 수준 등 질적인 부분에서 분명히 다른 모습을 보이고 있다"며 "다면적인 삶의 질을 높이고, 나이듦은 모두의 문제이자 삶의 순환 과정에서 한 부분을 차지하는 만큼 끊임없이 고민해나갈 것"이라고 밝혔다.

[취재 노트] 나이듦의 속도 또한 다른 쿠바의 시간

일주일간 쿠바 아바나에 머무르는 모든 순간은 한국과는 정반대였다. 한국인으로서는 경험해보지 못한 와이파이 속도, 예고 없이 끊기는 수도와 전기 등을 겪다 보니 '이렇게 살아야 하나' 하는 마음이 들었다. 모든 것이 다른 환경에 적응하기 위해서는 나도 어느 정도는 달라져야 한다는 생각도 들었다.

아바나는 대중교통이 불편하다. 지하철은커녕, 제대로 된 시내버스 노선도 없다. 거리에는 낡은 택시들과 자전거 인력거, 오토바이 등이 대부분이다. 설상가상으로 미국의 경제 제재가 이어지면서 수입이 어려워지며 석유 등은 품귀 현상을 겪고 있다. 이로 인해 시내 주유소에서는 차들이 주유를 위해 길게 줄을 서 있는 풍경을 볼 수 있기도 하다. 알록달록하지만 금방이라도 무너질 것처럼 위태로운 건물들, 길가에 돌아다니는 주인 없는 개와 고양이들, 많은 것이 불편하고 오래된 아바나는 시간이 멈춘 것 같은 도시였다.

그럼에도 아바나에서 만난 사람들에게는 모두 여유가 느껴졌다. 식량을 배급받고, 생필품을 사거나 은행에서 현금을 인출하기 위해서는 줄을 서는 것이 필수다. 길을 가다가 긴 줄이 늘어서 있는 것을 보고 "무슨 줄이냐"고 묻자 "비누를 사기 위한 줄"이라는 대답을 듣고, '비누 사기도 쉽지 않겠구나' 하는 생각이 들었다. 곳곳에서 무상으로 진료가 가능하지만 콘술토리오는 물론, 폴리클리니코 같은 큰 병원에 가서도 기다림의 시간이 필요하다. 한낮의 더위를 피해 그늘에 하염없이 앉아 있는 이들에게는 '늦어도 괜찮다, 이것이 쿠바의 시간'이라는 믿음이 있는 것처럼 보였다. 어쩌면 이러한 여유가 이들의 삶의 모습을 바꿔놨을지도 모르는 일이다. 쿠바 취재를 도와준 한·쿠바교류협회 관계자는 "한국인들이라면 이해할 수 없는 일이 일어나는 곳이 쿠바"라며 "여기에 적응하는 수밖에 없다, 한국의 속도대로 살면 답답해서 살지 못할 것"이라고 조언했다.

그 조언은 쿠바에서의 시간을 다르게 바라보게 만들어줬다. 취재 비자를 발급받아야 해서 관공서에 들른 날, 담당자가 출근하지 않아 허탕치고 돌아온 적도 있다. '아이가 아파서'라는 말로 담당자의 부재를 전한 다른 직원의 모습은 몹시 태연했다. 업무 차질을 걱정하기보다는 부재의 이유가 몹시 타당하다는 그 여유. 아이가 아프면 출근하지 않고, 아이를 돌보는 데 집중할 수 있는 사회라면 내가 참아도 되는 것이 아닐까, 조금은 생각을 바꾸게 되는 계기가 되었다. 아프면 쉬어도 되고, 회사보다 가족을 중시해도 괜찮은 삶이라면 어떤 부분에서는 한국이 배울 점이 있는 것이 아닐까 하는 생각이 들었다.

실제로 쿠바는 의외의 인간미가 있는 곳이었다. 곳곳에서 만난

1 폴리클리니코. 2 쿠바의 의료시설 폴리클리니코와 대기 중인 환자들. 3 병원과 마찬가지로 약국에서도 기다림의 연속이다.

이들은 먼저 인사를 건네고, 기자라고 하면 관심을 보여주었다. "한국이라는 먼 곳에서 여기까지 와서 나이듦을 보냐" "이렇게 젊은데 노인들에 대해 무엇이 궁금하냐"고 물으면서도 그들은 모든 질문에 친절하게 대답해주곤 했다. 질문이 하나면, 답은 열 개가 나온다. "이야기를 듣고 싶다"고 물어보면 기다렸다는 듯이 이야깃거리를 내놓는다. 길거리마다 음악을 틀어 두고, 처음 보는 이들에게도 거리낌 없이 노래와 춤을 권유하는 '흥'은 덤이다. 쿠바의 고민 역시 현재진행형이다. 고령화 문제와 더불어 젊은 이들 중에서는 쿠바를 떠나고 싶어하는 이들이 많기 때문이다.

사회주의 체제가 정답은 아니기 때문에, 쿠바에서도 체제에 반대하는 시위가 드물지 않게 일어나곤 한다. 페이스북 등 SNS에 익숙한 젊은이들에겐 '코만단테와의 추억'이 없기 때문에, 답답하고 느린 나라가 영 마음에 들지 않을 것이다.

그래서 쿠바는 새로운 동력을 고민한다. 2022년 가족법 개정안을 통과시켜 사회적 약자라고 할 수 있는 어린이와 노인 등의 역할을 새롭게 규정하고 동성혼, 동성 부부의 자녀 입양 등을 합법화한 것이 대표적인 예시다. 새로운 시대에 맞춰 새로운 가족을 고민하고, 사람들로부터 동력을 찾는 쿠바의 시도에는 아직까지 '지자체 소개팅' 등을 저출산 대안으로 내놓는 한국이 배울 점이 있을 것이다.

일주일 간의 취재를 마치고 한국으로 돌아오면서 '이곳에 다시 올 일이 있을까'라는 생각보다는, 언젠가 다시 오고 싶다는 생각이 들었다. 다른 삶에 대한 힌트를 얻을 수 있지 않을까 하는 믿음이 생겼기 때문이다. 달라도 괜찮을 수 있다. 나름의 방식대로 살아가고 늙어가는 이들과 잠시나마 함께했다는 감각은 즐거웠다. 모두의 문제인 나이듦에 직면해 막막하다는 생각이 들 때, 이 먼 나라가 도움이 되기를 바란다.

- 글, 사진 권효중 기자
- 통·번역 도움 손의정

고령화 속도 못따라가는 의료시스템
"의사가 절대적으로 부족하다"

김태정 교수

대한민국의 인구문제는 저출산·고령화다. 출생아가 줄고 사망자가 감소하며 국민 평균 나이가 6년 사이 40.8세(2015년)에서 43.5세(2021년)로 2.7세 늘었다. 정부는 지난 16년간 280조 원을 저출산 상황 타개를 위해 쏟아부었다. 하지만 아래로 향하는 출산율 방향을 돌려놓지 못했다. 그러는 사이 고령화 문제는 차일피일 미뤄졌고 인구 5명 중 1명이 노인인 사회가 성큼 다가왔다.

치료 의사도 고령화, 대책 마련 필요

통계청의 장래인구추계에 따르면 현재 전체 인구 5,155만 명 중 65세 이상 고령인구는 18.4%(949만 명)에 이른다. 14% 이상이면 '고령사회', 20% 이상이면 초고령사회로 구분하는데 대한민국은 2025년에 65세 인구가 20.6%에 이를 것으로 전망되고 있다. 초고령사회 진입이 채 2년도 남지 않은 것이다.

고령화에 따른 가장 큰 문제는 아픈 이들이 더 많아진다는 점이다. 최근 한 보고서에 따르면 65세 이상 노인 진료비가 전체 진료비에서 차지하는 비중은 2021년 44%에서 2050년 74%로 늘 것으로 추산됐다.

하지만 의료시스템은 현재도 급급하게 돌아가고 있다. 치료할 의사가 없어 환자를 더 받지 못하겠다고 내걸거나 환자를 돌려보내는 경우도 발생하고 있다. 소방청의 119구급서비스 통계연보에 따르면 2022년 재이송된 사례는 7,634건에 이른다. 재이송 사유를 보면 '전문의 부재'가 2,417건, '병상 부족' 1,279건 등이었다. 이 외에도 '의료장비 고장'이나 '환자의 변심' 등도 있다.

의료 현장에서는 현재 응급실에서 나타나고 있는 문제가 초고령화 사회에선 의료 현장 전반에서 나타날 수 있다고 우려하고 있다. 김태정 서울대병원 교수(대한뇌졸중학회 홍보이사)는 "신경과의 경우 고령화와 직결된 과"라며 "나이 들수록 뇌졸중 위험이 커지는데, 이를 담당하는 의사들도 늙어가고 있다. 젊은 의사들이 올 수 있도록 의사를 늘릴 필요가 있다"고 지적했다.

신경과에서 주로 다루는 뇌졸중은 국내 사망원인 4위의 질환이다. 혈관이 막히거나 터져 뇌 조직이 손상되는 것으로 연간 10만 명 이상의 환자가 발생한다. 고령화가 빨라지면서 관련 환자는 더 늘 것으로 전망되고 있다. 뇌졸중 치료에서 가장 중요한 것은 골든타임 내 치료다. 이 시간은 3시간 이내로 알려졌다. 하지만, 뇌졸중 환자 중 3시간 이내에 병원을 찾는 경우는 36% 정도에 그친다는 게 뇌졸중학회의 분석이다.

병원 방문이 늦어지는 가장 큰 이유로는 평소 뇌졸중 증상을 잘 몰라 이상 증상이 발생했는데도 대수롭지 않게 생각하는 점이 꼽히지만, 필수 중증 환자의 이송·전원과 관련된 국가 응급의료체계에도 문제가 크다고 학회는 보고 있다. 김태정 교수는 "의료시설이 취약한 강원이나 호남의 경우 뇌졸중 발생 시 제대로 치료받지 못하는 경우가 40%로 전국 평균(20%)보다 높다"고 부연했다.

이 같은 상황의 가장 큰 원인은 치료할 수 있는 전문 인력의 부재다. 2023년 신경과 전문의 시험 합격자 83명 중 5명만 뇌졸중 전임의로 지원했다. 현재 권역심뇌혈관질환센터 14개 중 1개 센터에만 전임의가 근무하고 있고 전공의 없이 교수가 당직을 서는 대학병원이나 수련병원이 늘고 있다. 김 교수는 "지금의 추세라면 5~10년 후 연간 10만 명의 뇌졸중 환자를 진료해야 하는 뇌졸중 전문의 수는 절대적으로 부족해질 것"이라고 우려했다.

학회는 뇌졸중 치료 전문 인력 부족 원인을 낮은 수가에서 찾았다. 실제로 종합병원 뇌졸중 집중치료실 입원료는 13만 3,320원으로, 간호간병통합서비스 병실료 6인실 일반과의 17만 1,360원보다 낮다. 심지어 응급의료센터에는 전문의 진찰료, 관찰료 등이 수가로 산정되는데 신경과 전문의가 뇌졸중 의심 환자를 진료하면 진찰료도 발생하지 않는다. 24시간 뇌졸중집중치료실에서 뇌졸중 환자를 진료해도 근무 수가가 2만 7,730원 수준밖에 되지 않아 병원에서는 사실상 뇌졸중 센터를 무리하면서까지 투자하고 운영해야 하는 이유가 없는 상황이다.

김태정 교수는 "현재 필수 의료나 응급환자 관련 지원 대책이 수술에 포커스가 맞춰져 있다"며 "뇌졸중의 90%가 수술이 필요치 않아 해당 사항이 없는 상황"이라고 말했다.

뇌졸중 위험 인식 낮아 환자 골든타임 놓치기도

뇌졸중의 위험성을 많은 이들이 인식하지 못하는 상황도 관련 대책의 필요성을 낮추는 요인이다. 뇌졸중은 뇌부종, 뇌압 상승, 뇌탈출, 사망 등으로 서서히 진행된다. 이 때문에 119 이송 중 사망

사례가 거의 없다. '응급실 뺑뺑이' 사례에 뇌졸중 환자가 거의 없는 이유는 이 때문이다. 하지만 낮은 인식 때문에 골든타임을 넘기는 경우가 허다하다. 적정 치료 시기를 넘기면 평생 장애를 안고 살아갈 수 있다.

현재 대한뇌졸중학회에서는 사망률과 후유장애를 줄일 수 있는 필수적인 뇌졸중집중치료실 확대를 위해 노력하고 있다. 김 교수는 "요즘엔 젊은 사람도 뇌졸중으로 병원을 찾는 경우가 많다"며 "잘 알고 있어야 나도 지키고 내 부모님도 지킬 수 있다. 이전에 경험하지 못한 심한 두통, 심한 어지럼증, 발음이 어눌해지는 현상이 나타난다면 증상 발견 즉시가 골든타임이다. 119에 신고하고 가까운 응급실을 찾아야 한다. 빨리 치료하면 일상으로 돌아가는 분이 많다. 빠른 치료가 최선"이라고 강조했다.

김태정 교수는

서울대 의대에서 학·석·박사를 취득하고, 현재 서울대병원 중환자의학과 임상부교수로 재직하며 임상뿐만 아니라 연구에서도 독보적인 성과를 내고 있다. 뇌졸중학회에서 '젊은 연구자상'을, 중환자의학회에서 'Young Intensivist'상을 수상하기도 했다.

– 글 이지현 기자

5 JAPAN

- ● 수도 　　　도쿄
- ● 언어 　　　일본어
- ● 화폐단위 　일본 엔(JPY, ¥)
- ● 면적 　　　3,779만 7,400ha 세계62위(2021 국토교통부, FAO 기준)
- ● GNI(1인) 　4만 2,440달러(2022, World Bank
　　　　　　　국민 계정 데이터, OECD 국민 계정 데이터 파일)

인구

👤 단위: 명
출처: 통계청 <장래인구추계>

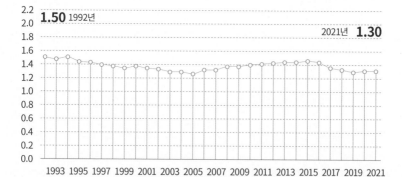

Population

2022년
123,952,000명

출산율

👤 단위: 명
출처: UN <세계인구전망 2022>
＊ 출산율=가임여성 1명당 명

1.50 1992년

2021년 **1.30**

| 2.2 |
| 2.0 |
| 1.8 |
| 1.6 |
| 1.4 |
| 1.2 |
| 1.0 |
| 0.8 |
| 0.6 |
| 0.4 |
| 0.2 |
| 0.0 |

1993 1995 1997 1999 2001 2003 2005 2007 2009 2011 2013 2015 2017 2019 2021

연령별 구성비

단위: %
기준: 2021년

● 0-14 ● 15-64 ● 65+

11.8%
58.4%
29.8%

기대수명

단위: 세   출처: UN <세계인구전망 2022>
* 기대수명=해당 년도 0세 출생자가 앞으로 생존할 것으로 기대되는
평균 생존 연수

남자
여자

1992
1993
1994
1995
1996
1997
1998
1999
2000
2001
2002
2003
2004
2005
2006
2007
2008
2009
2010
2011
2012
2013
2014
2015
2016
2017
2018
2019
2020
2021

87.7
2021년

81.8
2021년

연령별 구성비 30년 전/후

16.8%
69.8%
13.4%
1992년

→

11.8%
58.4%
29.8%
2021년

출처: UN <세계인구전망 2022>

유소년부양비와 노년부양비

단위: 명(생산연령인구 100명당)
출처: UN <세계인구전망 2022>

● 유소년
● 노년

2021

노령화지수
253.0명

출처: 통계청 <장래인구추계>
* 노령화지수=고령인구/유소년인구 x 100

55
50
45
40
35
30
25
20
15
10
5
0

1992 1994 1996 1998 2000 2002 2004 2006 2008 2010 2012 2014 2016 2018 2020

* 유소년인구=0~14세, 생산연령인구=15~64세, 고령인구=65세 이상
* 유소년부양비=유소년인구/생산연령인구 x 100 * 노년부양비=고령인구/생산연령인구 x 100

미리보는
<나이듦 전과>,

일본

일본의 노인들을 만난 세 가지 이유

초등학교 시절 〈동아전과〉와 〈표준전과〉는 내게 더 없는 참고서였다. 나를 비롯한 친구들에게 전과는 숙제를 빨리 해결하기 위한 필수품으로 여겨졌다. 그래서 개학이 다가오면 부모님에게 사달라고 졸랐던 기억이 난다. 전과를 보며 내가 잘 풀었던 문제에 대해선 '정면교사'로 삼고, 잘 못 풀었던 문제에 관해선 '반면교사'로 삼았다.

전과의 역할을 하는 것은 우리의 삶 곳곳에 있을 수 있다. 국가로도 비견될 수 있다고 생각한다. 우리나라에게 일본은 전과와 같은 존재일 수 있다. 일본을 보며 우리가 잘해온 것은 '정면교사'로 삼고, 못 하고 있는 부분은 '반면교사'로 삼을 수 있어서다. 이번에 '나이듦'이란 주제로 취재를 하기 위해 일본이란 나라를 고른 이유이기도 하다. 우리나라가 시행하고 있는 고령화 및 연금과 관련된 정책을 일본의 정책과 비교해 부족한 부분이 무엇인지 취재하고 싶었다.

일본이란 나라를 특정한 이유는 크게 세 가지다.

첫째, 우리나라가 산업 발전을 해온 과정이 일본의 과정과 유사하다는 점이다. 한국전쟁 이후 폐허 속에서 고도성장을 구가할 수 있었던 것은 일본의 산업화 방식을 모방해왔기 때문이다. 예컨대 제철산업, 전자산업, 반도체산업 등이 모두 일본의 정책을 모방하며 더 나은 결과물을 도출해왔다. 그렇기 때문에 산업화 정책을 통한 인구구조의 문제 등이 10~20년 정도의 시차를 두고 비슷하게 전개되고 있다. 지금 일본이 겪고 있는 고령화의 문제점이 10~20년 뒤 우리나라에 문제점으로 떠오를 수 있다는 판단이 섰다. 그 사이 일본 정부가 취한 정책이 무엇인지를 미리 알고 도입하거나 부족한 부분들을 개선한 더 나은 정책을 도입한다면 고령화로 인한 문제점을 개선할 수 있을 것으로 보았다.

둘째, 정서적으로 비슷한 점도 유리한 조건이라 생각했다. 특정 제도를 도입할 때 그 제도를 수용하는 행위자의 성격 등이 중요하다. 아무리 좋은 제도라 해도 행위자인 시민이 제도를 받아들이는 데 거부감을 보인다면 속 빈 강정이나 다름없다. 그런 점에서 일본의 정서와 우리의 정서는 여러모로 비슷한 점이 많아 배울 수 있는 제도가 많을 수 있다고 판단했다. 아울러 제도를 도입하기 위한 배경도 유사하다. 산업화 이후 세계에서 유례를 볼 수 없을 정도로 고령화의 속도가 양국 모두 빠르기 때문이다. 서구 유럽 사회가 수백 년에 걸쳐 고령화 사회를 겪으며 시행해 온 정책보단 단기간에 고령화 사회를 겪으며 내놓은 일본의 정책들이 우리에게 유효하다고 보았다.

아울러 셋째, 일본 특유의 장인정신이 담긴 정책 등도 기대해볼 수 있다고 생각했다. 우리나라가 단발적으로 정책을 도입했다가 철회했던 사례는 수없이 많다. 반면에 일본은 몇 십 년에 걸쳐 단계적으로 정책을 도입하는 경향성을 보인다. 이들이 장기간에 걸쳐 도입한 고령화 정책의 장점과 단점 등을 파악하고 분석해보는 것도 우리에게 도움이 될 수 있다고 생각했다. 결국엔 고령화 시대에 걸맞은 정책을 입안하려는 일본 당국의 입장과 이러한 정책을 받아들이는 국민의 성격을 모두 알고 분석해야 우리에게도 도움이 될 테니까.

공항에서 카페까지, 곳곳에서 마주친 '어르신 직원'

"폐지 줍기요? 내게 맞는 일자리 골라서 선택하죠."

우리보다 고령화 문제를 먼저 겪고 있는 일본의 고령자들은 일자리 선택의 폭이 넓었다. 한여름, 도쿄에서 만난 일본의 6070 세대들에게 "한국에는 폐지 줍기 등을 통해 돈을 벌고 있는 고령자들이 여전히 있다"고 하자, "이들은 가까운 '실버인재센터(シルバー人材センター, 노인일자리센터)' 등에서 교육을 받고 재취업에 나설 수 있다"고 전했다.

이는 2019년 기준 OECD 국가 중에서 66세 이상 고령자의 상대

적 빈곤율이 가장 높은 우리나라(43.2%)에 시사점을 준다. 상대
적 빈곤율은 중위소득 50% 이하에 속하는 인구 비율로, 66세 이
상 고령층 10명 중 4명은 중위 소득 50% 이하라는 의미이다. 반
면에 프랑스와 덴마크는 각각 4.4%, 4.3%에 불과했으며, 일본
도 20.0%로 우리의 절반 수준에 그쳤다.

주요국 66세 이상 상대적 빈곤율
단위: % 2019년 기준 출처: 통계청

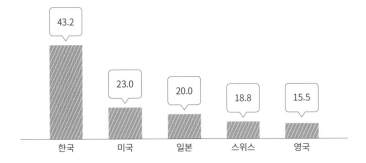

일을 해서 소득을 보전하는 고령자를 찾기란 일본에서 어렵지
않았다. 일본 공항 출입국 심사 보조 인력부터 관공서 안내 데스
크, 백화점과 대형마트, 카페 등에서 일하는 고령의 노동자는 어
디에서나 마주칠 수 있었다. 고령자의 노동은 개인에게는 생계
를 위한 수단이자 삶의 보람과 의미를 찾는 과정이지만, 사회 전
체로는 복지와 의료의 부담을 줄이고 생산성을 유지하는 수단이
된다는 점에서 선순환의 시발점 역할을 톡톡히 하고 있었다.
고령자가 일터로 나서는 주된 이유 중 하나는 연금 고갈 문제가
확산하면서 연금에만 기대기 어려운 세상으로 바뀌고 있기 때문

이다.

일본은 1998년 60세로 정년을 의무화한 뒤 2006년부터 단계적으로 정년을 연장해 2013년 65세로 높였다. 65세로 정년이 연장될 때 '고용 확보'를 위해 정년 폐지, 정년 연장, 계속 고용제도 등에서 기업이 상황에 맞게 선택하도록 했다.

관건은 노동시장이 고령자와 공생하는 방식이다. 일본은 1975년 설립한 실버인재센터가 '취업개척원'을 두고 기업을 직접 찾아가 고령자 능력을 활용할 수 있는 업무를 개발하고 있다.

고령자 취업 지원을 담당하는 도쿄도 산업노동국 고용취업부 히라오카 타카히로 과장은 "고령화 문제는 한 가지 분야로 해결할 수 있는 것이 아니다"라며 "고용 분야, 복지, 의료 등 관계되는 종합적인 정책들이 효과를 발휘해야 한다"고 말했다. 이어 "연령에 차별받지 않고 일한 것에 따라 공정한 평가가 있어야 하는 게 고령자에게 만족감을 드리고 삶의 의욕을 갖게 해 활동할 수 있는 선순환 효과를 이룰 수 있다"고 말했다.

고령자 일자리 산실 실버인재센터

"허리디스크 수술 이후 새로운 일자리를 찾으러 왔어요."

도쿄도 신주쿠구의 실버인재센터 앞. 마츠다(73세, 가명) 씨는 일자리 소개를 받고 막 나오는 길이었다. 그는 허리디스크 수술을 받고 퇴원을 한 뒤 보름 만에 상담 코너를 찾았다고 한다. 당장 이날 회사를 소개받지는 않았으나, 구직하고 있다는 서류를 제출한 것. 구인표를 보고 마음에 드는 일자리가 있었지만, 하

루 교통비가 500엔밖에 되지 않아 좀 더 알아볼 계획이라고 했
다. 그는 "수술 전 소개받아 다니던 직장은 통근 비용으로 월 1만
7,000엔을 줘 만족했다"면서 "통근 비용을 어느 정도 주면서 청
소 이외의 가능한 일을 선택하려 알아보고 있다"고 말했다.

실버인재센터는 60세 이상 일할 의욕이 있는 사람들이 회원으로
등록하면 공공, 민간, 개인 등 일손이 필요한 곳의 일감을 의뢰
받아 구직자들에게 연결해준다. 일감을 의뢰한 곳은 노동의 대
가로 센터에 비용을 지불하고 센터는 이를 회원들에게 '배분금'
이란 형태로 지급해준다.

일감 대부분은 맨션 청소, 주차장 관리 업무, 학교 청소, 아파트
청소, 아동 통학 등 단기적이고 시간 구속이 없는
가벼운 것이 많지만, 외국어 통번역, 운전, 페인
트칠, 의류수선 등 어느 정도 전문성이 필요한
일도 늘었다. 주 1회부터 15일까지 다양한 기

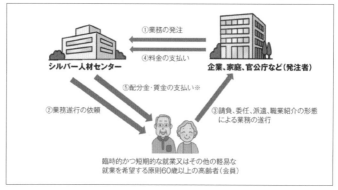

실버인재센터의 사업구조와 실버인재센터의 마스코트 '치에브 클로(チエブクロー)'. 치에브
클로는 '지혜봉투'와 올빼미를 합친 캐릭터로 경험이 풍부한 고령자의 지혜가 모이는
실버인재센터를 표현한다. (출처: 실버인재센터 홈페이지(www.zsjc.or.jp) 및 팸플릿)

간에 걸쳐 1회에 적게는 1시간에서 많게는 6시간 이상 근무할 수 있다. 이를 통해 받는 배분금은 1,072엔에서 1,500엔까지 다양하다.

고령자들은 실버인재센터를 통해 월 1회 취업상담을 받거나 구인표를 통해 직업을 알아본 뒤 회사 등에 파견을 나가 근무를 한다. 근무를 마친 뒤에는 보고서를 작성해 다시 실버인재센터에 제출하면 된다. 도쿄도 도시마구의 실버인재센터에서 만난 마사코(69세, 가명) 씨는 "언제 출근했는지와 일하는 시간 등을 적어 내면 파견된 직장에서 확인 도장 등을 찍어준다"고 말했다. 해당 센터 관계자는 "보고서를 받은 뒤 저희가 기업에 비용을 청구하지만 노인분들에게 선지급을 하고 있다"고 설명했다.

도시마구 실버인재센터 소속 소네다 유타카 차장은 최근 들어 70세 이상 회원분들이 많이 찾고 있다고 전했다. 그는 "지역별로 다르긴 하지만 저희 인재센터에 회원으로 등록된 사람들의 평균 나이는 75세이고 매년 0.3세에서 0.5세 정도 나이가 올라가고 있다"며 "기업들도 젊은 층 인재가 부족하다 보니 경험 있는 사람들을 계속 활용하고 있어 찾는 것 같다"고 말했다. 이어 "돈이 필요한 사람들도 있고 건강용이나 지역 활동을 위해 참여하는 사람들도 있다"며 "가장 큰 영향을 미치는 것은 전에 어떤 직장을 다녔는지가 중요하다"고 말했다.

'상담−세미나−취업 지원' 3박자로 원스톱 지원

실버인재센터 사업을 총괄하는 도쿄시고토재단(東京しごと財

ㅁ)은 고령자 등 모든 구직자를 대상으로 '심층 상담 → 진로 설계 → 직업 훈련 → 집중 취업 알선'까지 맞춤형 통합 서비스를 원스톱으로 제공한다.

고령자를 위한 대표적인 프로그램으로는 '커리어 상담 안내' '일 도전 65' '액티브 시니어' '수석 취업 지원 캐러밴' 등이 있다. 커

마츠다(73세, 가명)씨가 도쿄도 신주쿠구의 실버인재센터에서 일자리 소개를 받고 있다.

도쿄도 신주쿠구의 실버인재센터 내에서 일자리 소개서를 보고 있는 한 노인의 모습.

도쿄시고토재단에서 이데일리와 인터뷰 중인 담당자들.

리어 상담 안내는 지금까지의 직업 경험이나 경력, 희망에 따른 조언을 하는 취업 상담을 가리킨다. 이곳에서는 '이력서 및 직무 경력서 작성 조언' '직업 찾기의 방향성을 결정하기 위한 조언' '취업 지원 도구를 사용한 조언' 등을 진행한다.

'일 도전 65'란 65세 이상 고령자들이 재취업을 할 때 일자리 불안을 해소하기 위해 기업 인사담당자와 연락해 면접 전 견학이나 체험을 할 수 있는 프로그램이다. 고령자들 중 취업 활동을 안 하다가 다시 하려는 경우, 불안감이 있는데 이를 해소하는 차원에서 접근하게 됐다는 것이 재단 측의 설명이다.

'중소기업 전문가 인재개발 프로그램'도 있다. 이 프로그램은 대기업이나 중견기업에서 일했던 고령자들이 본인들이 갖고 있는 업무능력 등을 중소기업에 맞춤형으로 제공해줄 수 있도록 한 방식이다. 도쿄에는 기업의 99%가 중소기업인데, 이들의 기업이 인력이 부족한 상황에서 원하는 인재를 찾기 어려운 부분들을 해결하기 위해 이러한 제도를 고안하게 됐다고 재단 측은 설명했다.

'액티브 시니어 취업지원센터'는 재단이 인적 지원, 도쿄도가 재정 지원을 하는 방식으로, 55세 이상 구직자를 대상으로 한 무료 직업 소개소이다. 도쿄도 내 10곳(신주쿠구, 주오구, 시가나와구, 오타구, 가쓰시카구, 미타카시, 이타바시구, 후추시, 이나기시, 다치카와시)에 설치돼 있다.

'시니어의 신·커리어 디자인 5days'란 프로그램이 인상적인데, 이는 풍부한 경험이나 전문적 지식을 가진 55세 이상이 인생의 두 번째 직장을 알아볼 수 있는 5일간의 단기 집중형 강좌이다. 강좌 내용으로는 '저명인에 의한 기조 강연' '수석을 둘러싼 일하는 방법의 동향' '세대 간의 커뮤니케이션' '새로운 요구 DX · GX(디지털 전환, 그린 전환)에 대한 대응' 등이 있다. 재단 측은 "인생 100년 시대에 풍부한 경험과 전문적인 지식을 가진 수석의 힘이 중소기업의 성장을 유지하기 위한 하나의 해결책으로 기대된다"며 "제2 커리어에 있어서 중소기업에서 활약하는 계기가 되는 강좌를 개최한다"고 밝혔다. '수석 취업 지원 캐러밴'은 세미나, 합동 면접회, 상담 및 정보 제공 등으로 지원한다.

도쿄시고토재단 종합지원부 내 고령자 고용대책 담당, 이다 테츠야 과장은 "고령자층 지원 사업은 취업상담과 고령자에 대한 체험 세미나 등 두 축을 중심으로 진행하고 있다"고 말했다. 이어 "2022년 기준 재취업 활동 지원 세미나는 267회 진행했다"면서 "참가자는 3,751명, 온라인으로 1,981명이 참여했다"고 말했다. 그는 55세 이상을 대상으로 한 취업 강습의 경우 60% 이상 높은 취업률을 보이고 있다고 설명했다. 그는 "2022년 247명이 수강을 했고 166명이 취업을 했다"며 "수료자의 30%는 65세 이상이다. 요양복지사, 경비, 아파트 관리 등 일본에서 인력 부족 업종이라고 하는 곳에 많이 취업했다"고 말했다.

도쿄시고토재단 1층에는 구직자를 위한 상담 창구도 있다. 이곳에서는 '고령자 노동시장과 채용상황' '직업 찾기의 방향성을 결정하기 위한 조언' '미경험의 직종에 응모를 생각하기 위한 조언' '이력서 및 직무 경력서 작성 조언' '취업 지원 도구를 사용한 조언 등을 받을 수 있다.

단순한 일자리 알선에 그치지 않는다. 도쿄도는 고령자에게 기술을 가르치고 기업은 고령자의 활용 노하우를 습득할 수 있는 '도쿄 커리어 트라이얼65'란 프로그램을 운영하고 있다. 특히 고령자들에게는 주로 IT 기술직 등 구직 요구가 높은 기업을 소개하고 있다. 도쿄도 산업노동국 내 고령자 취업 지원을 담당하는 히라오카 타카히로 과장은 "단순 일자리를 원하는 것 외에 고령자들 중에서는 지금까지 경험과 지식을 발휘하려는 사람들도 있다"면서 "이런 분들을 위한 구체적인 지원책 중 하나가 '도쿄 커리어 트라이얼65'"라고 말했다. 이어 "2021년도에는 500개 회사가 등록을 했고 실제 400명의 고령자들이 이 제도를 통해 일을 했었다"고 덧붙였다.

도쿄시고토재단을 이용한 이들의 긍정적인 후기도 이어지고 있다. 50대 한 남성은 "코로나19 속에서 비관적으로 생활할 수도 있었지만 정기적으로 세미나에 참가하는 것으로 긍정적인 생각을 갖게 될 수 있었다"며 "자신이 할 수 있는 일과 하고 싶은 것, 경력을 재검토하는 계기가 됐다"고 밝혔다. 60대 남성은 "60대가 되면 지금까지와는 달리 취업에 어려움이 있다"면서 "집에서 찾는 것보다 시니어 코너에서 확실한 정보를 얻고 상담도 할 수 있어서 좋았다"고 소감을 전했다. 다른 60대 남성은 "'직무 경력서 세미나'를 수강하면서 전면적인 서류 재작성이 필요하다고 깨달았다"며 "신속하게 창구에서 조언을 받고 재작성해 채용이 됐다"고 말했다.

"정년 연장 & 연금, 개혁 아닌 점진적 변화 필요"

"일본은 정년 연장 문제를 15년간에 걸쳐 55세부터 65세로 점진적으로 바꿔왔습니다. 사람들이 적응할 시간을 주면서도 노인 빈곤 문제를 방치하지 않았습니다."

우리나라는 고령사회에서 초고령사회로 전환하는 기간이 불과 25년에 불과하다. 통계청에 따르면 한국은 2018년 고령사회(65세 이상 인구 14% 이상)에 진입했고 7년 뒤인 2025년에는 초고령사회(65세 이상 인구 20% 이상)로 진입할 예정이다.

일본은 1971년 고령화 사회로 진입한 뒤 1995년 고령사회에 들어섰고, 2006년 65세 인구가 20.2%를 넘어서면서 초고령사회로 진입했다. 고령화 속도가 빠른 일본도 고령사회에서 초고령사회로 진입하기까지 35년이라는 시간이 걸렸지만, 이를 회피하지 않고 차근차근 문제를 풀어갔다.

안주영 교토 류코쿠대학교 정책학부 교수는 일본에서 19년째 거주하며 고용정책, 복지국가, 노동정치 등을 연구한 학자이다. 교토대에서 법학연구과 박사를 밟은 뒤 일본 학술진흥원 특별원구원 등을 지낸 그는 일본에서 외국인의 시선으로 고령자들과 관련된 연금과 정년 연장 등의 문제를 지켜봐왔다.

안 교수는 교토 류코쿠대학교에서 진행된 인터뷰에서 "정년 연장과 연금 수급 연장 문제를 개혁의 문제로 보면 더 큰 문제를 야기할 수 있다"며 "최대한 지금의 제도를 토대로 인생을 설계해 온 사람들이 '이게 뭐야'라고 느끼지 않도록 제도를 바꿔가야 한

안주영 일본 교토 류코쿠대학교 정책학부 교수가
연금과 정년 연장에 대한 조언을 하고 있다.

다"고 말했다.

그가 점진적인 변화를 주장하는 것은 전 세대에 걸친 제도에 대한 사회적 신뢰가 중요하기 때문이다. "지금 연금으로 몇 세에 얼마를 받을 수 있게 해놨는데, 10~20년 뒤에 재정이 고갈되니까 연금을 줄여야 한다고 개혁한다면 특히 2030세대가 제도에 대한 불신을 느낄 수 있습니다. '나중에 제도가 어떻게 바뀔지도 모르는데 우리가 열심히 국민연금을 완납할 필요가 있을까?'라고 느낄 수 있는 것이죠."

물론 일본 내에서도 한국의 빠른 제도의 변화를 긍정적으로 해석하기도 한다는 것이 그의 설명이다. 그러나 제도의 변화를 따라 쫓아가지 못하는 사람들을 양산한다는 점에서 또 다른 문제가 불거질 수 있다고 봤다.

그는 "한국 정부에서도 일본의 제도들 중에 좋은 제도를 그대로 수용하려는 움직임이 있는데 이를 지양할 필요가 있다"면서 "일본의 제도가 변화해온 맥락을 이해하고 이러한 제도의 변화가 사람들에게 어떻게 받아들여지고, 융합될지에 대한 진지한 성찰도 필요하다"고 조언했다.

정년 연장 등의 논의는 구성원들의 타협과 협력이 중요하다고 강조했다. 그는 "고용제도라는 것이 각 현장에서 어떻게 발현되는지는 노사의 협력에 달려 있기 때문"이라면서 "다만 노사의 협력만 일방적으로 강조해서는 곤란하다"고 말했다. 이어 "노동력의 거래에서 필연적으로 노동자는 약자이기 때문"이라면서 "이런 점을 도외시한 채 노사협력을 강조하면 결국 노동자의 희생을 요구하는 결과에 다름없고, 노사협력은 더욱 멀어질 것"이라고 말했다. 이어 "정부가 이 두 가지 점을 인식하고 양측에 인센티브를 주는 정책을 만들어내야 한다"고 덧붙였다.

문턱 없애고 글씨는 크게, 골목골목에 깃든 배려

"한국의 탑골공원 같은 곳이 있을까요?"
일본에서 노인들이 주로 많이 모인 곳을 물었을 때 딱 부러진 대답이 돌아오지 않았다. 서울 종로의 탑골공원처럼 노인들이 주로 모인 곳이 있을 것이란 예측은 빗나갔다. 일본에서 노인은 어디에나 있었고, 어디에서나 소외되지 않은 존재였다.
그런 일본에도 '노인들의 하라주쿠'라 불리는 번화가가 있다. 하라주쿠는 도쿄 시부야구에 위치한 상가 밀집지로 우리의 홍대 거리에 비견되는 상권이다. 도쿄 도심 북쪽에 위치한 JR 스가모 역에서 내리면 만날 수 있는 스가모 지조도리 상점가. 다시 말하면 '일본 노인들의 홍대 거리' 정도가 되는 셈이다. 약 800m 길이의 스가모 지조도리는 노인들에게 필요한 물품을 주로 파는 상점 수십 곳과 즐길 거리들이 모여 있는 유명한 거리다.

스가모 지도조리를 찾은 오후는 관광객보다 현지 노인 방문객으로 붐볐다. 거리 입구에 들어서면 건강을 상징하는 빨간색 속옷들의 강렬한 비주얼이 눈을 사로잡는다. 소금 찹쌀떡, 양갱 등을 판매하는 유명 맛집들 앞에 늘어선 노인들의 긴 줄과 마주한다. 백발의 손님이 진열된 물건에 관심을 보이면 백발의 사장이 다가와 응대하는 모습도 눈에 띈다.

스가모 거리에 고령층이 모이게 된 것은 사찰 때문이다. 상점가 입구에서 170m 떨어진 곳에 '도게누키 지장보살 고간지(とげぬき地蔵尊 高岩寺)'라는 절이 있는데, 아픈 곳을 낫게 해준다는 지장보살을 모시고 있다. 매월 마지막 숫자가 4로 끝나는 참배 날에는 몸이 성치 않은 참배객들로 붐빈다.

물론 고령자들이 스가모 거리를 찾는 것은 신앙심 때문만은 아니다. 턱 없는 보도, 빨간 글씨로 큼지막하게 붙은 가격표 등 '고령자 친화적'인 환경 덕분이다. 800m에 달하는 거리는 차량 진입이 통제돼 있고 인도와 도로의 연석이 없어 휠체어를 탄 노인도, 자전거를 탄 노인도 여유 있게 거리를 오갈 수 있도록 설계돼 있다. 노인들의 이동 편의성을 위해 대부분 가게도 문턱을 없앴다. 전철역 에스컬레이터는 고령층을 배려해 가동 속도가 30% 느리게 조정된다. 스가모 A2 출구를 나와 상점가까지 이어진 곳에는 노인들의 온열 질환을 걱정하기라도 하듯 야외 안개 분무기도 설치돼 있었다.

상점에서 물건을 판매하는 사람들 중에 노인들이 상당수라는 점도 특이했다. 3대째 스가모 거리에서 전병 가게를 운영하는 A씨는 노인 고객들을 상대로 장사하는 비결로 친절을 꼽았다. A씨는 "노인 고객들의 말을 잘 들어줘야 한다"며 "저도 노인이라서 손님들 기분을 자연스럽게 잘 알 수 있다"고 말했다. 남편과 함께 이곳을 자주 찾는다는 60대 여성 B씨는 "노인들이 원하는 다양한 스타일의 옷이 많아 자주 찾는다"며 "안내하는 글씨가 크고 영어도 없고, 문턱이 없는 점 등도 이곳을 찾게 하는 이유"라고 말했다.

도시마구청은 2014년부터 스가모 거리의 모든 보도 턱을 없애는 공사를 했다고 한다. 노년층의 거리 보행상 불편을 최소화하려고 길을 평탄하게 만들어 혹시나 하는 안전사고에 대비하기 위해서였다. 거리 곳곳에는 쉼터와 벤치가 마련돼 있었다. 스가모 거리 곳곳에는 노년층을 배려하려는 세심함이 녹아들어 있었다. 이러한 고령자 친화적인 모습은 스가모 우체국에서도 나타났다.

일본 도쿄 도시마구의 스가모 지조도리 상점가 모습.

일본은 양력 8월 15일 추석인 오봉을 앞두고 가족과 지인들에게 선물을 돌리는데, 우체국 내부에선 고령자들에게 이러한 서비스를 알릴 수 있도록 큰 글씨를 붙여놨다. ATM기 앞에는 고령자들이 각종 전화 사기를 당하지 않을 수 있도록 안내 문구를 준비해 놓기도 했다. 스가모 거리 인근에 있던 실버노인센터에는 거동이 불편한 고령자들을 위한 맞춤형 화장실이 마련돼 있었다.

노인들의 '아지트(은신처)'로 불린 도쿄 신주쿠에 있는 게이오 백화점도 마찬가지였다. 노인 등이 주로 탈 수 있는 엘리베이터가 있었다. 층별 전시 상황을 알려주는 안내 문구도 큼지막하게 써 붙여 놨다. 특히 백화점 최상층인 8층 매장에는 개호(돌봄) 용품 전용 공간을 만들어 고령자의 쇼핑 선택권을 넓힌 모습이었다.

일본 도쿄 도시마구의 우체국에는 노인들의 금융사기를 방지하기 위한 안내판이 ATM기기에 설치돼 있다.

[취재 노트] 노인 빈곤 해결, 일자리 창출이 답이다

"나이가 많다 보니 습득력이 떨어져 비관적으로 수강하는 분들이 꽤 있어요. 이분들을 포기하지 않고 개별 상담과 맞춤형 지원을 꾸준히 진행했어요. 면접에 합격해 고맙다는 전화가 올 때 저도 기뻤지요."

2023년 7월 취재 목적으로 일본을 방문했을 때 만난 실버인재센터 관계자는 '일하며 가장 보람됐던 순간이 언제였느냐'란 질문에 이렇게 말했다. 고령자 한 명 한 명에게 일자리를 만들어주기 위해 갖은 노력을 다하고 있다는 인상을 받았다.

이러한 노력은 실버인재센터가 운영 중인 프로그램만 봐도 알

도쿄 지요다구에 위치한 도쿄시고토재단 내 일자리 상담 센터에서 고령자들이 일자리를 알아보고 있다.

일본 도쿄도 지요다구에 위치한 도쿄시고토재단 내 마련된 시니어 상담 코너에서 한 고령자가 상담을 받고 있다.

수 있었다. 우리 정부가 단기 아르바이트식의 양적인 노인 일자리에 치중한 것과 달리, 다양한 노인들의 조건을 고려해 프로그램을 내놓은 고민이 엿보였다.

예컨대 대기업이나 중견기업을 다니다 은퇴한 고령자들이 중소기업에서 재취업하는 방안에서부터 젊었을 때와 전혀 다른 직종에서 재취업할 수 있게 하는 방안들이 눈에 띄었다. 아파트 청소나 통학길 교통 정리 같은 단순 업무의 경우도 매주 최신화된 내용의 계획표를 공지하고 있는 데다, 매월 설명회를 열어 고령자들에게 알려주는 정성을 쏟고 있었다. 심지어 채용 면접장을 마련해 고령자들이 면접 기회를 보다 더 많이 가질 수 있도록 돕고 있었다.

이렇다 보니 소득을 보전하는 고령자를 찾기란 일본에서 어렵지 않았다. 도쿄 신주쿠의 한 카페에서는 머리가 희끗희끗한 여성이 매니저로 일하며 사람들을 상대했다. 백화점이나 관공서 안내데스크, 공사장 등에서도 고령의 노동자를 마주칠 수 있었다. 한 실버인재센터 앞에서 만난 노인은 허리디스크로 다쳤음에도 실버인재센터를 통해 일자리를 가질 수 있다고 자신 있게 말하기도 했다.

기실 고령자들을 위한 맞춤형 일자리가 가능한 것은 이들을 배려하는 문화와 연관돼 있다는 인상을 받았다. 신체적, 정신적으로 노화됐다고 이들을 사회에서 배척하는 것이 아니라, 이들이 언제나 사회 구성원으로서 제 역할을 할 수 있도록 돕고 있었다. 가령 이들이 가진 신체적인 애로사항을 배려하는 문화를 도처에서 느낄 수 있었다. 실제 실버인재센터 곳곳에는 여름철 일사병을 막기 위한 소금 사탕이 곳곳이 배치되는 등 섬세한 배려 문화가 녹아들어 있었다. 노인들의 하라주쿠라 불리는 스가모 거리 곳곳에는 여름철 더위로 인한 질병을 막기 위해 안개분사기가 작동되고 있었다. 노인들이 금융사기에 당하지 않게 하기 위해 우체국 ATM 앞에는 종이 모형으로 안내를 하고 있었다.

연금에만 기대 살기 어려운 세상에 정부는 고령자들을 위한 적극적인 일자리 정책을 제시해야 한다. 고령자들이 가진 각종 능력 등을 재활용할 수 있는 세심한 프로그램들이 필요하다. 이는 고령자 개인에게 생계를 위한 수단을 마련해 빈곤율을 떨어뜨리는 요소가 될 수 있지만, 사회 전체로 보면 복지와 의료 부담을 줄인다는 점에서 정부에게 일거양득이 되는 길이기도 하다.

- 글, 사진 황병서 기자
- 통·번역 도움 강태규 통역사

"연금개혁, 정치권의 강한 의지 가장 중요"

겐조 요시카즈 교수

"연금개혁에서 가장 중요한 것은 국가의 지속가능성을 위해 해야 할 개혁을 하겠다는 정치의 강한 의지다."

일본의 연금개혁 논의에 주도적으로 참여한 겐조 요시카즈 게이오대 상학부 교수는 일본 연금개혁 핵심 동력을 이같이 꼽았다.

日 개혁 3년 내 이룬 비결, '뚝심'

일본은 2000년대 초반 저출산·고령화에 경기침체까지 겹치며 연금에 대한 의구심이 커지기 시작해 개혁 요구로 이어졌다. 하지만 이를 추진해야 할 정치권의 저항이 만만치 않았다. 정치에선 선거에서 이길 수 있느냐가 가장 중요한데 연금을 손댄다는 건 선거에서 부정적 이슈였기 때문이다.

겐조 교수는 개혁 과정의 큰 걸림돌로 여론을 꼽았다. 그는 "제도의 실태를 정확히 파악해 정확한 정보를 전달해야 할 전문가들도 일제히 여론에 동조하고 나섰다"며 "다만 여당이 여론이나 야당이 반발해도 법안을 통과시킬 힘은 갖고 있었다"고 말했다.

일본 연금개혁을 주도한 것은 고이즈미 준이치로 전 총리였다. 그는 국민적 인기에 힘입어 연금개혁을 단번에 밀어붙였고 개혁안은 2~3년 만에 통과됐다. 그리고 일본의 보험요율은 2004년

13.58%에서 매년 0.354%포인트씩 인상해 2017년 18.3%로 올렸다. 이후 보험료율을 이 수준(최고보험료율)에서 고정된 상태다.

겐조 교수는 "'정치의 강한 의지'라는 것은 여론의 반대가 있더라도 장래를 위해 결단하고 실행할 의사를 말한다"며 "국가의 지속 가능성을 생각하는 정치에는 강한 의지가 요구된다"고 말했다.

연금개혁의 키는 정치권이 쥐고 갈 수밖에 없을까? 그는 "민주주의에서는 정치권에서 해결하는 수밖에 방법이 없다"고 답했다.

최근 프랑스도 연금개혁을 밀어붙였다. 국민적 거센 저항 속에서도 에마뉘엘 마크롱 정부는 지금이 아니면 안 된다는 뚝심으로 밀어붙였다. 겐조 교수는 "당연한 일을 한 것"이라고 짧게 평가했다. 이어 "프랑스는 지급 개시 연령이 62세로 다른 유럽국가에 비해 상당히 낮았다. 연금 재정의 관점에서 조기 은퇴 풍조가 강한 사회에서 국민에게 취업을 재촉할 필요성이 높았다"며 "이는 일본과 상황이 다른 점"이라고 부연했다.

예측 가능한 미래 납부자 불안 완화

한국의 연금요율은 1998년 1차 연금개혁 이후 25년째 9%로 고정된 상태다. 직장가입자의 경우 사업주가 4.5%를, 가입자가 4.5%를 부담한다. 적게 내고 많이 받는 구조가 이어지며 연금고갈 시점을 당기고 있다. 이 때문에 개혁에 대한 요구가 꾸준히 제기됐지만, 번번이 논의에 그치고 말았다. 2023년 국회 연금개혁특별위원회 민간자문위원회에서 15% 인상안이 검토되기도 했지만, 반발 여론에 부딪혀 결국 논의에 그쳤다.

이데일리가 연금개혁과 관련된 설문을 진행한 결과 응답자 1,000

명 중 78%가 '해야 한다'고 답했다. 미래세대 부담을 지금부터 나눠야 한다고 보는 것이다. 이 같은 반응에 겐조 교수는 "어떤 방향으로 할 것인가 중요할 것"이라고 짚었다. 단순히 '해야 한다'가 아니라 어떻게 개혁할지에 대한 합의가 필요하다고 본 것이다.

그는 일본의 연금개혁 강도가 높았다고 평가했다. 특히 많이 내고 적게 받는 구조로의 변화를 위해 국민을 설득하는 작업에 공을 들였다. 겐조 교수는 "미래 보험료 상한선을 사전에 제시함으로써 가입자들의 미래 보험료 부담에 대한 불안과 불만을 완화하고 눈앞의 보험료 인상을 가능하게 했다"고 소개했다.

그러면서 그는 대한민국의 연금개혁을 위해 필요한 것으로 국민의 개혁에 대한 공감대 형성 외에도 보험료율 인상과 목표 소득대체율 40% 이상 인상, 납부예외자의 재검토, 거시경제 슬라이드 도입 등을 꼽았다.

일본이 2004년 도입한 거시경제 슬라이드는 인구와 노동시장의 변화를 반영해 자동으로 연금액을 조정하는 시스템이다. 매년 연금액을 조정할 때 후생연금 가입자 수가 감소할수록 그리고 기대여명이 증가할수록 연금 인상률을 낮춰 지출을 억제토록 했다. 이를 통해 정치적 개입 없이도 기대여명 증가와 노동시장 상황 악화가 연금 재정에 미치는 부정적 영향을 제거할 수 있게 한 것이다.

이후 일본 연금은 보험요율은 올리면서 수령금액은 단계적으로 내리는 '더 내고 덜 받는 연금 구조'를 완성했다. 겐조 교수는 한국에도 이 같은 시스템 도입이 필요하다고 본 것이다.

하지만 한국식 연금개혁은 보험료율 인상과 기금투자 목표 수익률 인상 등의 방향으로 움직이고 있다. 정부 당국에 따르면 기금투자 수익률이 1%포인트 상승하면 소진 시점은 2055년에서 2060년으로 5년 늦춰진다. 향후 70년 전망을 하는 재정추계는 기금투자 수익률을 연 4.5%로 가정한다. 이 수익률을 연 5.5%까지 올리면 기금 소진 시점을 대폭 늘릴 수 있다는 계산이다.

겐조 교수는 "한국의 연금 적립금이 미래 지급총액 대비 어느 정도 비중을 차지하는지(공적연금 대차대조표)를 알지 못하면 적립금 논의를 할 수 없을 것 같다"고 말했다. 이어 "적립금의 운용 이율을 명목치만으로 보는 것은 의미가 없고 연금 재정의 장래 추계를 실시할 때에 명목 임금 상승률과 비교해 어느 정도 큰 값을 설정하고 있는지, 그리고 (실질) 임금 상승률의 전제에 어떠한 전제를 두고 있는지, 게다가 매크로 모델이 어느 정도 '그럴듯한가'를 볼 필요가 있을 것"이라고 조언했다.

겐조 요시카즈 교수는

일본 게이오기주쿠대학교 상학부 교수. 일본의 대표적 연금 전문가로 2004년 일본 연금개혁에 주도적으로 참여했다. 게이오대학 상학연구과에서 박사학위를 받았고 2002년 상학부 교수로 부임했다. 또한 2006년에는 영국 케임브리지 대학교 다우닝칼리지 객원연구로도 재직했다. 또한 일본 사회보장위원회, 사회보장제도 개혁을 위한 전국 협의회 등 정부 · 사회 주도 연금 논의에도 활발히 참여하고 있다.

− 글 이지현 기자

"연금, 더 오래 내고 늦게 받아야 한다"

조영태 인구정책연구센터장

"교육 · 노동 · 연금 3대 개혁이 인구 차원에서 보면 아주 시의적절하다. 오히려 조금 늦었지만 시작하게 된 것이 다행이다."

조영태 인구정책연구센터장은 3대 개혁과제 중에서도 연금개혁을 먼저 봐야 한다고 했다. 이제 더 이상은 '안 하면 안 된다'는 걸 왜 이번 정부 들어서면서 국민이 느꼈는지가 중요하기 때문이다. 조 교수는 "그동안 머릿속에 생각만 하던 것이 출산율이 확 떨어지는 걸 본 사람들이 이젠 '더는 늦출 수 없는 시기가 왔구나'를 인식하게 된 것 같다"고 짚었다. 이어 "인구의 거대한 힘을 느끼며 연금개혁을 하자는 데 많은 이들이 동의하지만 문제는 어떤 식으로 연금개혁을 하는 지가 될 것"이라고 봤다.

조 교수는 "연금개혁 논의가 몇 %라는 인상요율이 중요한 게 아니라 결국 누군가는 더 많이 내줘야 하고 누군가는 덜 받아야 하는 건데 그걸 미래 세대와 어떻게 분배할 것이냐를 고민해야 한다"며 "이걸 경제학적으로 들어가서 생각해보면 답이 안 나온다. 결국, 내는 기간을 늘리고 받는 기간을 줄이는 방식이 가장 수월할 것"이라고 말했다. 한마디로 수령시기를 미루고 내는 기간을 늘리는 식의 연금개혁이 수반돼야 한다는 것이다.

조 교수는 "2030년이 정년 연장을 시작하기 딱 좋은 시점"이라고 봤다. 이어 "생산 가능 인구 중 25~59세 정도가 앞으로 10년간 330만 명 정도 줄어들 것"이라며 "7년이 지나면 대구시 인구만큼 이 또 빠진다. 일하는 사람이 줄면 소비가 줄고 시장도 무조건 줄 어든다. 결국 청년들도 그때가 되면 장년 세대가 은퇴해 경제 규 모가 작아지는 것보다 안 작아지고 유지되는 게 유리한 상황이 될 거라는 점을 인식하게 될 것"이라고 부연했다.

그렇다면 정년은 몇 세가 적정할까? 조 교수는 "2030년부터 65세 로 가야 2018년 노동시장 크기랑 거의 비슷해진다"며 "근데 그것 도 평생 가는 게 아니라 딱 10년만 시간을 벌어준다. 그다음부터 인구 감소로 현재보다 더 떨어질 것"이라고 말했다.

정년 연장을 통해 떨어지는 생산성은 재교육을 통해 해법을 마련 해야 한다고 봤다. 그는 "생산성은 경륜에서만 나올 수 있는 게 아니다"라며 "새로운 지식을 다시 습득해야 한다"고 말했다. 이어 "그 비용을 누가 댈 것인가, 수익자가 누구냐, 그건 개인이다. 그 러면 개인이 (비용을) 대는 게 맞다. 그런데 만약 수익자가 우리가 생각했을 때 그렇게 일을 하는 게 국가, 사회에 더 이득이 된다 하 면 국가나 사회가 대야 한다"고 덧붙였다.

조영태 교수는

서울대 보건대학원 교수. 고려대학교 사회학과를 졸업하고, 미국 텍사스 대학교에서 사회학으로 석사를, 인구학으로 박사학위를 취득했다. 현재 서울대 인구정책연구센터를 이끌며 인구 현상을 분석해 사회의 특성과 변화를 읽어내는 작업에 매진하고 있다.

- 글 이지현 기자

6 NEW ZEALAND

- 수도　웰링턴
- 언어　영어, 마오리어
- 화폐단위　뉴질랜드달러(NZD, $)
- 면적　2,677만 1,000ha 세계74위(2021 국토교통부, FAO 기준)
- GNI(1인)　4만 8,460 달러(2022, World Bank
  국민 계정 데이터, OECD 국민 계정 데이터 파일)

인구

단위: 명
출처: 통계청 <장래인구추계>

Population

2022년
5,185,000명

출산율

단위: 명
출처: UN <세계인구전망 2022>
＊ 출산율=가임여성 1명당 명

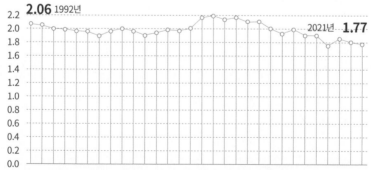

2.06 1992년

2021년 **1.77**

연령별 구성비

단위: %
기준: 2021년

● 0-14 ● 15-64 ● 65+

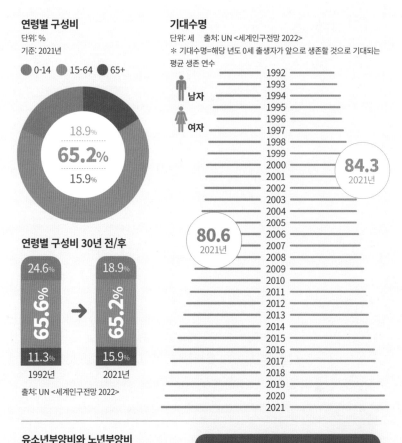

18.9%
65.2%
15.9%

기대수명

단위: 세   출처: UN <세계인구전망 2022>
＊ 기대수명=해당 년도 0세 출생자가 앞으로 생존할 것으로 기대되는
평균 생존 연수

남자
여자

| 1992 |
| 1993 |
| 1994 |
| 1995 |
| 1996 |
| 1997 |
| 1998 |
| 1999 |
| 2000 |
| 2001 |
| 2002 |
| 2003 |
| 2004 |
| 2005 |
| 2006 |
| 2007 |
| 2008 |
| 2009 |
| 2010 |
| 2011 |
| 2012 |
| 2013 |
| 2014 |
| 2015 |
| 2016 |
| 2017 |
| 2018 |
| 2019 |
| 2020 |
| 2021 |

84.3
2021년

80.6
2021년

연령별 구성비 30년 전/후

24.6% → 18.9%
65.6% → **65.2%**
11.3% → 15.9%

1992년 → 2021년

출처: UN <세계인구전망 2022>

유소년부양비와 노년부양비

👤 단위: 명(생산연령인구 100명당)   ● 유소년
출처: UN <세계인구전망 2022>   ● 노년

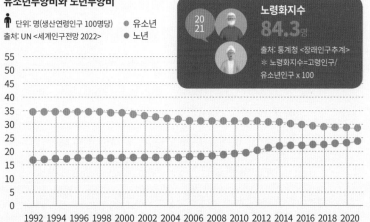

노령화지수

20 21

84.3명

출처: 통계청 <장래인구추계>
＊ 노령화지수=고령인구/
유소년인구 x 100

55
50
45
40
35
30
25
20
15
10
5
0

1992 1994 1996 1998 2000 2002 2004 2006 2008 2010 2012 2014 2016 2018 2020

＊ 유소년인구=0~14세, 생산연령인구=15~64세, 고령인구=65세 이상
＊ 유소년부양비=유소년인구/생산연령인구 x 100 ＊ 노년부양비=고령인구/생산연령인구 x 100

작은 변화를
켜켜이 쌓아

'더 나은 노후'로

"뉴질랜드에선 노인이 가장 행복"

'노인 행복'. 무작정 포털사이트 검색창에 딱 이 두 단어를 쳤다. "노인복지 관련 해외 취재, 어디로 가고 싶니?"란 질문에 멍한 눈으로 우선 어디라도 골라야 하겠단 생각이었다. 여행은 이곳 저곳 많이 다녀봤어도 그냥 놀러 갔을 뿐, 우리나라에서도 잘 모르는 노인 정책을 다른 나라 것까지 알리 무방했다. 그렇게 검색창 아래 뉴스란을 딱 누르자 '뉴질랜드에선 노인이 가장 행복'이란 기사가 수두룩 나타났다. 질문을 받고 1분이나 지났을까. "뉴질랜드로 가겠습니다"라고 대답했다.

푸르른 초원과 녹음이 함께라면 사실 정책과 무방하게 행복할 것 같긴 했다. 실제로 가본 뉴질랜드는 정말 그랬다. 우리나라보다 2.5배 넓은 면적을 갖고 있지만 인구는 서울의 절반 정도에 그쳐 인구 밀집도가 매우 낮은 나라다. 빼곡히 들어선 아파트가 아닌 널찍한 주택과 그 주변 정원들을 보면 '여기 살면 마음도 넓어질 것 같아'란 생각이 매번 들었다. 넓은 초원에서 풀을 뜯어먹는 양과 소 떼들조차 행복해 보였다.

행복의 조건에 자연의 비중이 크겠지만, 뉴질랜드는 탄탄한 사회제도로 정착한 나라다. 1893년 세계 최초로 여성 참정권을 부여했고, 1일 8시간 노동제도 역시 세계 최초로 확립하며 여러모로 앞서나갔다. 1898년 극빈자를 대상으로 노령연금을 최초로 도입했고 1938년 세계 최초의 포괄적 복지 시스템을 시행했다.

이렇게 보면 감이 잘 안 온다. 그럼 이건 어떨까. 뉴질랜드는 우리나라보다 기초연금제도를 무려 31년이나 먼저 도입했다. 이들은 1977년 60세 이상 노인을 대상으로 기초연금을 도입했고, 고령화 가속화 여파로 1993년엔 기초연금 수급 연령을 65세로 상향 조정했다. 우리나라는 이보다도 한참 뒤인 2008년에 기초연금제도(구 노령연금)를 도입했다. 현재 노인복지 수준이 우리나라와 차이가 크게 날 수밖에 없는 이유이기도 하다.

뉴질랜드에선 노인이 가장 행복한 건 사실이다. 노인은 스스로를 자랑스럽게 여기며 청년들은 노인을 존경한다. 세대 갈등이 첨예화된 우리나라에선 사실 상상하기 어려운 문화다. 뉴질랜드 매체 스터프에 따르면 65세 이상 노인의 67%가 '행복하다'며 모든 연령대 중 가장 높은 비율을 보였다. 25~44세 중에선 행복하다고 응답한 사람이 50%로 평균을 밑돌았다. 그럼 이제 그들의 내부 사정을 낱낱이 들여다볼 차례다.

정부에 대한 신뢰로 나이듦 걱정 없는 사람들

"뉴질랜드에선 노후 생활 걱정이 없어요. 정부가 있잖아요."

노인이 살기 좋은 뉴질랜드에서 국민들은 나이듦 걱정을 하지 않는다. 앞으로도 정부가 복지 문제를 잘 풀어낼 것이란 굳건한 믿음 덕분이다. 특히 청년들이 중장년층보다 정부의 나이듦 준비성에 대한 자신감을 드러내며 고령화 문제도 지혜롭게 해결해 나갈 것이라고 답했다.

뉴질랜드 사회개발부가 2021년 발표한 '나이듦에 대한 인지 보고서(Attitudes towards Ageing report)'에 따르면 국민의 49%가 "뉴질랜드가 앞으로 15년 간 증가하는 노인인구에 잘 대비할 것이란 확신을 갖고 있다"고 했다. 2016년 같은 답변을 한 비율(38%)에 비해 11%포인트 증가한 수치다. 특히 18~34세가 35세 이상보다 고령화 대비에 대한 신뢰가 더 높은 것으로 나타났다.

뉴질랜드의 노인복지제도 주춧돌은 바로 '연금'이다. 우리나라와 달리 뉴질랜드의 노인연금은 세금이 재원으로 누구나 받을 수 있는 정액(월 2,314뉴질랜드달러, 한화 182만 원) 기초연금이다. 연금을 받는 조건도 까다롭지 않아 65세가 넘은 시민권자라면 국적과 소득 수준에 상관없이 노인연금을 받을 수 있고, 동시에 일도 할 수 있다. 은퇴 개념이 법적으로 규정되지 않은 탓에 연금을 덜 받는 대신 일을 할 수 있는 선택권도 주어지는 셈이다.

여기에 각종 무료 의료복지 서비스와 요양시설 지원 등 다양한 기둥을 쌓아 올려 체계적인 노인복지를 시행한다. 노인에게 필요한 서비스를 제공하는 기관이라면 국공립, 사립 여부를 따지지 않고 후하게 지원하는데, 노인요양시설과 시민복지단체가 각 지역에서 질 높은 노인복지의 발판이 돼준다.

취재 중 만난 코닐리어스(82세) 씨는 요양원에 오기 전 4년간 노인학대를 당했다. 모르는 남성의 제안을 받아 그의 집에 머물게 됐는데, 거처를 제공받는 대신 열악한 환경 속에서 하루에 서너 번씩 장보기 심부름을 하고 집안일까지 도맡아야 했다. 그러던 중 오클랜드 복지단체 도움을 받아 요양원에 들어간 코닐리어스 할아버지는 "단체가 직접 나서 알아봐 준 덕분에 이웃도 생기고, 친구도 생겨서 이젠 외롭지 않다"고 했다. 코닐리어스 씨는 "정부와 복지단체가 포괄적으로 서비스를 제공한 덕택"이라며 "또 다른 노인이 나와 같은 경험을 하지 않길 바란다"고 했다.

다이앤 터너 사회개발부 노인복지실장은 "정부는 복지 서비스를 제공하는 곳이 어디든지 상관없이 폭넓게 지원하고 있다"며 "뉴질랜드에선 모두에게 연금을 받을 수 있는 권리가 있다는 점이 가장 큰 행운"이라고 설명했다.

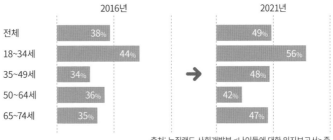

"뉴질랜드는 노인인구 증가에 잘 대비하고 있다"에 대한
뉴질랜드 국민들의 긍정적 답변 비율

	2016년	2021년
전체	38%	49%
18~34세	44%	56%
35~49세	34%	48%
50~64세	36%	42%
65~74세	35%	47%

출처: 뉴질랜드 사회개발부 <나이듦에 대한 인지보고서> 중

뉴질랜드 국민들의 나이듦 관련 상위 5가지 걱정

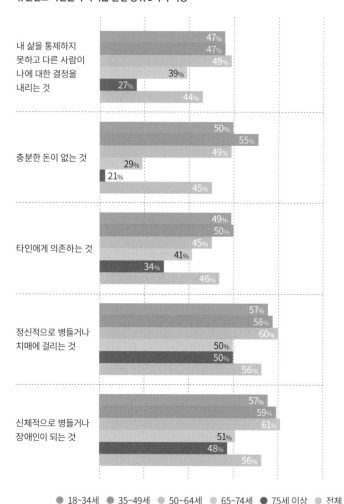

내 삶을 통제하지
못하고 다른 사람이
나에 대한 결정을
내리는 것
- 47%
- 47%
- 49%
- 39%
- 27%
- 44%

충분한 돈이 없는 것
- 50%
- 55%
- 49%
- 29%
- 21%
- 45%

타인에게 의존하는 것
- 49%
- 50%
- 45%
- 41%
- 34%
- 46%

정신적으로 병들거나
치매에 걸리는 것
- 57%
- 58%
- 60%
- 50%
- 50%
- 56%

신체적으로 병들거나
장애인이 되는 것
- 57%
- 59%
- 61%
- 51%
- 48%
- 56%

● 18~34세   ● 35~49세   ● 50~64세   ● 65~74세   ● 75세 이상   ● 전체

NEW ZEALAND

연령대별로 '나이듦'과 관련해 가장 걱정되는 5가지 사항을 꼽은 결과, 모든 연령대가
나이듦에 대한 주요 걱정으로 '신체적으로 병들거나 장애가 있는 것' '정신적으로 병들거나
치매에 걸리는 것'을 꼽았다. 청년층(18~34세)과 중장년층(35~49세)은 '노후 자금'에 대한
걱정이 노년층보다 높았다. 청년층 50%와 중장년층 55%는 '충분한 돈이 없는 것'을 노후
걱정으로 꼽았는데 특히 중장년층의 해당 항목은 2016년(47%)보다 8%포인트 증가했다.

출처: 뉴질랜드 사회개발부 <나이듦에 대한 인지보고서> 중

"더 이상 수술이 어렵단 말을 들었을 땐 어쩌나 슬프던지… 큰돈 없이 요양시설을 이용할 수 있었던 게 정말 다행이죠."

연이은 낙상사고로 척추가 부러진 존 맥클(84세) 할아버지는 수술을 해도 나아질 수 없단 의사의 말을 듣고 4년 전 '포레스트 힐 요양병원(Forest Hill Home&Hospital)'에 들어왔다. 수많은 재활 시도에도 불구하고 뜻대로 되지 않아 전동휠체어 신세를 벗어날 수 없었지만 그는 병원 직원들 덕에 불편하지 않게 생활하고 있다고 말했다. 침대에 누워 여가를 보내던 맥클 씨는 "전에도 여기 왔다가 3주 뒤에 퇴원했는데 생활하기가 편해서 다시 왔다"며 "보통 책을 읽으면서 시간을 보낸다"고 활짝 웃었다.

병원 비용의 72%는 정부 몫, 경제적·심적 부담 던다

오클랜드 도심에서 벗어난 주택가 동네 '노스쇼어(North Shore)'에 있는 포레스트 힐은 정부 지원을 받는 사립요양병원이다. 최근 노인을 제압한 기록이 없고, 노인 사망률 1위로 꼽히는 낙상사고도 없어 3년 동안 남는 침상이 없을 정도로 인기가 많다.

직접 가본 포레스트 힐에서는 오전부터 뉴스 읽기와 가벼운 취미활동, 야외 산책까지 바쁜 오전 일정을 마친 노인들이 점심 식사를 마치고 각자 여유로운 휴식을 취하고 있었다. 넓은 거실에 나와 일광욕을 하는가 하면, 1인 1실로 마련된 공간에서 TV를 보는 등 오후를 보내던 참이었다.

현재 74명의 노인이 거주 중인 포레스트 힐은 일정 조건만 충족

하면 사실상 '무료'로 들어갈 수 있다. 65세가 넘으면 소득 수준에 상관없이 누구나 노인연금을 지급하는 정부의 복지정책 덕분이다. 노인들이 입주비의 28%를 연금으로 차감하면 정부가 보조금 형태로 입주자와 기관에게 각자 지급해 남은 금액을 충당하는데 정부 인증을 받은 요양병원엔 모두 적용된다.

2023년 정부가 설정한 노스쇼어의 요양병원 입주비 상한선은 일반실 기준 월 6,254뉴질랜드달러(한화 약 490만 원)로, 자산 가치가 22만 달러(1억 7,300만 원) 이하인 노인은 1,737달러(136만 원)만 내면 입주할 수 있다. 노인연금은 월 최대 2,314달러(한화 182만 원)인데, 통상 요양병원 비용을 내고도 연금이 남는다.

비용 부담이 적은 데다 진료비 및 약제비, 식비, 간병비, 병실료 등 대부분 항목이 포함되니 병원에 들어오는 노인도, 그의 가족들도 심적 부담이 덜하다. 섬망증(정신착란) 증세가 심해져 영국 북부에서 뉴질랜드로 온 베아트리스(92세) 할머니는 "가족들과 지낼 때 가스레인지를 켜놓고 다녀서 여기가 안전할 것 같아서 왔다"며 "직원들도 잘 보살펴주니까 특별히 할 건 없어서 편하게 지내고 있다"고 했다. 성대 수술을 받은 80대 허버트(가명) 할아버지 또한 "말을 많이 하면 목은 아프지만 직원들과 대화를 많이 할 수 있어서 좋다"고 웃으며 말했다.

고령화 가속화로 노인시설 부족

뉴질랜드의 노인요양시설은 크게 양로원, 치매전문시설, 요양병원, 치매전문병원 등 4가지로 나뉜다. 한국과 비슷한 기준으로 의료서비스 유무에 따라 시설을 분류하고 등급을 매긴 뒤 지원금을 지급하는데, 요양병원의 경우 정부가 매년 비용 상한선을 지역별로 정해 발표한다. 아무리 사립시설이라도 일반실은 정부가 설정한 금액보다 높은 가격을 받을 수 없으며, 특별실의 경우 5~85뉴질랜드달러까지 추가 금액을 설정해 받는다.

요양시설들은 정부 지원금을 받는다고 해서 마음 놓고 있을 순 없다. 뉴질랜드 정부가 2년마다 불특정 기간에 감사를 실시하기 때문에 국가 기준을 충족하는지 항상 주기적으로 점검해서다. 정부는 노인들의 보살핌 수준, 충분한 인력, 식사의 질, 제공 시설, 문화적 다양성 충족, 국가 기준보다 더 많은 노력을 들였는지 등을 다각도로 모니터링한다. 포레스트 힐의 경우 과거 인턴으로 잠시 근무한 간호사가 환자 기록 작성 시 시간을 기재하지 않아 경고를 받았을 만큼 꼼꼼한 감사가 이뤄진다.

촘촘한 복지제도에도 불구하고 뉴질랜드도 고령화 가속화에 따른 요양시설 부족 문제에 직면해 있다. 뉴질랜드 통계청(Stats NZ)에 따르면 2022년 뉴질랜드 인구 6명 중 1명이던 65세 이상 인구는 오는 2028년 인구 5명 중 1명으로 늘어날 전망이다. 해미시 슬랙 인구 추정 및 예측 관리자는 "뉴질랜드의 65세 이상 인구는 하루에 약 80명씩 증가하고 있다"며 "6년 이내에 100만 명에 도달할 것"이라고 했다.

시설 관계자들은 이미 요양시설 과부하를 현장에서 피부로 느끼고 있다며 정부 지원을 더 늘려야 한다고 지적한다. 제니스 반 밀 포레스트 힐 병원장은 "최근 3년 동안 99%로 운영하고 있

뉴질랜드 오클랜드의 포레스트 힐
사립요양병원의 전경과 내부 시설.

1 포레스트 힐 사립요양병원 복도
입주자 사진. 2 포레스트 힐의 특별실.
3 포레스트 힐 복도. 남성 발병률이
높은 전립선암을 알리기 위한 대회에서
입주자들이 직접 만든 작품을 전시했다.
옆에는 입주자들을 소개하는 사진이
붙어있다.

포레스트 힐의 하루 일과가 적힌 게시판과 월간 활동 계획표. 다양한 프로그램으로 노인들의 건강과 정서를 함께 케어하고 있다.

어서 항상 침상이 꽉 차 있는데 지난주만 해도 노인 11명의 입주를 거절했다"며 "꾸준한 고령화로 시설은 충분하지 않은 데다 의료시설이 없는 요양원과 치매전문시설은 병원 기능이 있는 시설보다 정부 지원이 적은 편이라 사업 유지가 힘든 상황"이라고 말했다.

피부색 달라도 '평등' 편견 없는 노인복지 이끄는 지방단체

"어디에서 왔든, 어떤 언어를 쓰든, 문화적 배경이 달라도 모두가 평등한 지원과 도움을 받아야 해요."(케빈 램 에이지컨선 오클랜드 대표)

뉴질랜드에서 가장 큰 노인복지단체 '에이지컨선(Age Concern)'에서 일하는 써니 리 씨는 유일한 한국인 직원이다. 한국 커뮤니티 커넥터 직위를 맡고 있는 그는 언어가 서툴러 열악한 환경에 놓인 한국계 노인들이 키위(Kiwi, 뉴질랜드인을 뜻하는 단어)와 똑같은 복지 혜택을 누릴 수 있도록 돕고 있다. 리 씨는 "정부의

에이지컨션 노인
팸플릿과 노인
프로그램 안내문.
안내문은 다양한
언어로 번역돼 있다.

노인복지가 잘 마련돼 있어도 이용하지 못하면 소용이 없다"며 "언어가 부족한 아시아계 노인을 도와 한 명이라도 더 나은 삶을 살 수 있도록 힘쓰고 있다"고 설명했다.

아시안팀 신설로 아시안 노인의 고립 막는다

뉴질랜드에선 각 지역별로 활동하는 노인복지단체가 한국의 주민센터 역할을 한다. 노인을 위한 사회 교류 프로그램을 진행하거나 국가 복지혜택을 연결하는 등 주민센터 복지팀이 담당하는 일을 복지단체가 정부 지원을 받아 실시하는 구조다. 오클랜드, 퀸스타운 등 총 34개 지부로 운영 중인 에이지컨션은 '노인학대 상담 및 법률자문(Intervention)' '사회 연결(Social connection)' '올바른 나이듦(Ageing well)' 등 3가지를 주요 목표로 삼고 노인을 돕고 있다.

오클랜드 사무실은 뉴질랜드 인구의 3분의 1이 살고 있는 지역인 만큼 한국어, 중국어(북경어), 광둥어, 일본어를 지원하는 아시안팀이 꾸려져 있다. 200여 인종이 모여 다문화 사회를 이룬

에이지컨선
사무실에서 아시안
노인들을 대상으로
스마트폰 사용 방법을
안내하고 있다.

후이아 어워드 현장과
수상 소감을 이야기
중인 아시안팀 직원들.

뉴질랜드도 복지 사각지대에 놓이는 이민자들이 적지 않은데 이를 해소하기 위해서다. 대부분 해당 국가 출신인 아시안팀 직원들은 아시아계 노인들이 지역 사회에서 고립되지 않도록 적절한 지원을 제공한다.

노스쇼어에 살던 70대 한국인 노인 이모 씨는 얼마 전 노인복지단체의 도움을 받아 단칸방에서 정부임대주택으로 집을 옮겨 주거환경이 크게 나아졌다. 그는 5년 전 신청한 임대주택 결과가 감감무소식이었지만 영어 실력이 부족해 문의하기 어려워 그저 손 놓고 있던 상황이었다. 이 씨는 "곰팡이가 가득한 집에서 살고 있었는데 한국어를 할 수 있는 직원을 만나 다행히 해결할 수 있었다"고 했다.

3년 전 손주를 돌보러 오클랜드에 왔다가 가족들에게 버림받은 70대 후반의 인도인 마나시(가명) 할머니도 복지단체 도움으로 임시 거주를 찾고 본국으로 돌아갈 수 있었다. 마나시 씨는 "가족들이 오클랜드에 있던 집을 팔고 호주로 갔는데 따라가지 못했다"며 "공항에서 노숙하던 중 복지단체의 도움을 받았다"고 설명했다.

뉴질랜드에선 아시아계를 비롯한 다양한 출신의 이민자들이 많아지면서 각 국가별, 언어별 지원의 중요성이 커지고 있다. 뉴질랜드 통계청 인구 예측 자료에 따르면 2018년 77만 명이던 아시아계 인구는 오는 2028년 100만 명을 넘어설 전망이다. 2043년에는 132만~158만 명으로 늘어 4명 중 1명꼴이 될 예정이다.

케빈 램 대표는 "백인도, 마오리도, 퍼시피카(Pasifika, 피지와 통가 등 태평양 섬나라 사람을 지칭하는 말)도 대부분 지원받고 있지만 아시안은 노인복지 서비스를 제공받지 못하는 경우가 많다"며 "여전히 동남아나 중동 지역 국가에서도 피난이나 이민을 오고 있고, 특히 무슬림 인구도 많다. 다문화 관련 지원을 늘려 법적으로 뉴질랜드에 거주하는 모두가 평등한 지원을 받도록 해야 한다"고 설명했다.

지역 사회 '이름 없는 영웅', 후이아상 수상

지역 사회의 '이름 없는 영웅'으로 활동하며 노인복지에 힘쓴 에이지컨선 오클랜드 아시안팀은 공적을 인정받아 '후이아상(Huia

Awards)'을 수상했다. 후이아상은 뉴질랜드의 노인과 그들의 복지에 힘쓰는 직원들을 위해 열리는 행사로, 에이지컨선이 매년 세계 노인의 날(10월 1일)에 개최하고 있다. 매년 에이지컨선은 추천서를 받아 검토한 뒤 3명의 수상자를 선정해 상을 수여한다. 수상 기준엔 '어떻게 노인을 지원하는지' '긍정적인 변화를 이끌어냈는지' 등이 포함된다.

카렌 빌링스-옌센 에이지컨선 뉴질랜드 CEO는 "아시안팀은 중국어, 광둥어, 한국어, 일본어 서비스를 통해 노인들이 중요한 정보와 복지에 접근하는 데 언어의 장벽이 존재하지 않도록 보장한다"며 "건강, 디지털 활용 능력, 사회적 연결 증진을 위한 그들의 헌신은 많은 노인들의 삶에 큰 변화를 가져왔다"고 했다. 이어 "특히 코로나19 팬데믹과 같은 어려운 시기에 위챗, 페이스북, 유튜브를 활용한 혁신적인 소통은 아시아 지역 사회의 많은 노인들에게 생명선이 됐다"고 설명했다.

"모든 정책에서 '노인'을 고려해야"

"사람들은 교육 문제에 당연히 사회가 비용을 부담해야 한다고 생각하지만, 노인복지에만 유독 불만이 많죠. 우리 인생 전체엔 항상 비용이 발생하기 마련이에요."

다이앤 터너 사회개발부 노인복지실장은 인간의 생애주기를 언급하며 "인생 전체에서 사회가 우릴 대신해 소비해야 하는 비용은 반드시 존재한다"며 "노인도 유아, 아동, 청년기와 마찬가지로 비용이 들어가는 것뿐이다. 국가는 노인을 사회적 비용으로 취급하면 안 된다"고 강조했다.

뉴질랜드 사회개발부 노인복지실은 정부부처와 연계해 각종 정책에 노인을 위한 고려 사항이 반영되도록 제언하는 역할을 한다. 기후정책이 노인에게 끼치는 영향을 알리거나 전동 킥보드 정책을 수립할 때 노인에게 끼치는 위험요소를 파악해 알리는 등 모든 정책에 '노인'을 고려하도록 만든다. 직접 노인정책을 구상하는 부서는 아니지만, 최대한 국가 차원에서 발생하는 결정에 개입해 노인에 대한 제안을 하고 이를 수용하도록 하는 것을 목표로 하고 있다.

터너 실장은 "뉴질랜드는 노인에게 필요한 점을 정부가 파악해서 관리하는 몇 안 되는 나라 중 하나"라며 "정부가 노인에게 필요한 복지 항목을 평가하고, 이에 부합하는 서비스를 제공하는 사회복지단체가 있다면 비용을 거의 부담한다"고 했다. 이어 "지자체와 비정부기구(NGO)와도 협력하고 그 외 다양한 협회, 연구·교육시설과 폭넓게 관계를 형성하는 이유"라고 덧붙였다.

한국에 비해 세대 갈등이 적고 노인이 존경받는 뉴질랜드지만, 현실에 안주하지 않고 더 나은 복지사회를 위해 꾸준히 노력하고 있다. 사회개발부에 따르면 2022년 뉴질랜드 국민의 81%가 "노인을 크게 존경한다"고 답했고, 국민의 절반은 "노인을 사회의 자산으로 생각한다"고 했다. 노인을 사회적 부담으로 여기는 비율은 10%에 불과했다.

터너 실장은 "언론에선 세대별로 마찰이 심하고 불협화음이 있다고 지적하지만 통계를 보면 어느 정도 서로에 대한 안 좋은 감정이 있을 순 있어도 그렇게 걱정할 정도의 수준은 아니다"라고 했다. 다만 국제적으로 노인의 사회적 위치와 차별에 대한 문제 해결이 쟁점으로 다뤄지면서 사회개발부에서도 관련 프로그램을 확대하기 위해 살펴보고 있다.

UN 등 국제기구들은 2021년 코로나19 영향으로 전 세계에서 연령차별주의가 확산하고 있다고 경고한 바 있다. WHO와 UN인권사무실, UN경제사회국, UN인구기금 등 UN 산하 4개 기관은 공동 보고서에서 "연령과 관련된 차별이 사회에 만연하다"고 지적하고 단순히 노령층 인구에만 영향을 주는 문제가 아니라고 강조했다. 전 연령에 걸쳐 고정관념과 선입견, 차별이 광범위하게 이뤄지고 있다는 뜻이다.

당시 안토니우 구테흐스 UN사무총장은 "연령차별주의는 개인의 건강과 존엄성에 손상을 주는 동시에 경제와 사회에도 엄연히 피해를 입힌다"며 "사람들의 인권과 잠재력을 최대한으로 끌어낼 수 있는 능력을 부정한다"고 우려한 바 있다. 테워드로스 아드하놈 거브러여수스 WHO사무총장 등도 공동 성명을 통해 "노인들은 한결같이 연약하고 취약하게 보여진 반면 젊은 층은 무적, 혹은 무모하고 무책임하다고 묘사돼 왔다"고 밝혔다.

이에 터너 실장은 "국제적으로 노인복지에 다양한 자원을 투입하고 모색하는 추세"라며 "WHO는 보고서에서 세대 간 활동량을 늘려줘야 한다고 강조했다"고 말했다. 이어 "청년들이 노인에게 스마트폰을 어떻게 쓰는지 알려주는 등 세대를 넘나들어 같

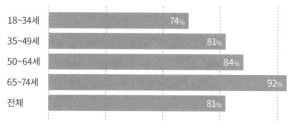

노인을 향한 존경심에 대한 통계

연령대	응답률
18~34세	74%
35~49세	81%
50~64세	84%
65~74세	92%
전체	81%

뉴질랜드 국민들은 노인을 향한 존경심이 높은 것으로 나타났다. 국민 10명 중 8명(81%)이 노인에 대한 존경심이 크다고 답했다. 연령대로 보면 노인(65~74세) 응답자 중 92%가 노인에 대한 존경심이 가장 높다고 답하며 가장 높은 응답률을 보였다.

출처: 뉴질랜드 사회개발부 <나이듦에 대한 인지보고서> 중

이 할 수 있는 활동이 많아져야 한다. 우리도 그런 점을 해소하기 위해 노력하고 있다"고 했다.

아울러 사회개발부는 주기적으로 노인과 관련한 다양한 통계와 설문조사를 진행해 '사회 속 노인'에 대한 인식과 사회적 위치를 숫자로 표현하고 있다. 그는 "2~3년마다 노인들이 뉴질랜드에 제공하는 가치를 수치화해서 노인의 국가 기여도를 담은 통계를 발표하고 있다"며 "지출, 세금 납부, 사회 기여도 항목이 있다. 사회 기여도는 노인이 젊은 맞벌이 부부를 위해 아이들을 돌보는 봉사활동 등을 나타내는데 이를 통해 노인의 가치가 무엇이고, 사회에 어떤 도움을 주는지 알려 세대 갈등을 줄이고 있다"고 했다.

터너 실장은 앞으로 노인복지실에서 수립한 '더 나은 노후(Better later life)'를 실행하기 위해 힘쓸 예정이다. 2034년까지 노인복지를 실현하기 위한 장기 계획으로 2019년부터 시행하고 있다.

그는 "본래 실행하던 '긍정적인 나이듦 전략(The New Zealand Positive Ageing Strategy)'의 이름을 바꾼 건데 3~4년마다 필요에 따라 세부적인 실행안을 만들고 있다"며 "사회개발부 직속으로 진행 상황 등을 관할하는 팀을 따로 만들어 꾸준히 보고하고 있다"고 했다. 그러면서 "우린 완벽하진 않지만 작은 변화를 만들면서 앞으로 나아가고 있다"고 덧붙였다.

[취재 노트] 우리는 모두 노인이 된다, 그러나 노인을 위한 나라는 없다

"다른 나라 보니까 다 너무 좋아 보이네." 나이듦 기획 취재 시리즈를 연달아 챙겨보던 독자가 건넨 말이다. 부러움 반, '우리나라는 왜 이 정도가 안 되나' 하는 아쉬움이 반 담긴 한마디였다. 독자만 느꼈을까. 아니다. 해외 취재 마지막 순서였던 뉴질랜드 취재를 준비하면서 앞서 나오는 기사들을 읽으면서 본인도 느낀 바다. 해외 기획 기사들을 읽어보며 알게 모르게 느껴지는 박탈감은 지울 수 없었다. 뉴질랜드 편을 비롯해 이 책에 등장하는 모든 외국 노인들은 너무 '행복'해 보인다.

모든 정책엔 '일장일단(一長一短)'이 있다. 좋은 정책이라고 해도 어디선가 문제점이 나타나는 것처럼 이면이 존재할 수밖에 없다. 나이듦 기획 취재의 연재 목적이 다른 나라의 노인복지를 소개하고 우리나라 노인복지에 경종을 울리는 것이었던 만큼 장점만 담았을 뿐이다. 이 글에선 뉴질랜드에서 취재원들이 입을 모

아 강조했던 단점들을 정리해보려 한다.

먼저 노인연금 갈취 문제다. 뉴질랜드 노인들은 65세가 되면 누구나 소득 수준에 상관없이 연금을 받는다. 물가 수준이 우리나라보다 높은 걸 감안해도 사실 우리나라에선 상상할 수 없는 액수다. 노인연금이 꽤나 있다 보니 자녀들이 돈 때문에 노인을 학대하고 연금을 갈취하는 일이 적지 않게 일어난다. 사립요양병원에 입소한 노인들은 연금 대부분을 병원비로 내고 나면 한화로 5만 원 정도가 남는데 샴푸, 바디워시 등 비품을 산다고 한다. 얼마되지 않는 돈이지만 이마저도 매달 갈취하는 이들이 있다.

다음으로 '무(無) 정년'이 가져오는 사회적 문제. 대부분의 선진국이 정년퇴직제도를 운영하는 이유 중 하나는 '청년 일자리' 때문이다. 누군가 물러나야 새로운 사람이 올 수 있다. 너무 오래 사회에서 한자리를 잡고 있으면 청년이 들어올 자리가 없다. 뉴질랜드에선 정년이 없으니 청년들이 일할 자리가 새롭게 수혈되지 않고, 쉽게 해고를 시킬 수도 없는 문화라 해고를 하기 위해 기업들의 구조조정이 매우 자주 일어난다.

마지막으로 청년 유출의 심각성이다. 뉴질랜드는 우리나라의 '지방'이라고 생각하면 쉽다. 인구가 면적 대비 적고 낙농업 말고는 제조업 등 첨단산업이 없다 보니 청년들이 무조건 일자리를 위해 해외로 떠난다. 우리나라 청년들이 지방에서 수도권으로 집중되는 현상과 똑같다고 보면 된다. 뉴질랜드 청년들은 특히 가까운 인접국인 호주로 많이 나가는데 뉴질랜드와 비교해 인프라가 잘 구축된 데다 경제 규모가 크기 때문이다. 호주든 영국이든 해외로 나갔다 들어오면 연봉도 크게 뛰어 몸값도 불어난다. 그래서 외국에 나가지 않으면 오히려 '바보' 소리를 듣는다고 한다.

유토피아란 존재할까? 선진국이라면 우리나라보다 좋은 정책이 있을 것 같은 동경이 마음 한편에 자리 잡고 있다. 물론 나도 그랬다. 그러나 대학생 때 프랑스에서 1년간 살면서 여러 나라를 돌아다니다 보니 '유토피아는 없었다'. 어디나 차별이 존재했고 완벽한 나라는 없었다. 선진국이라 불리는 서유럽도 복지는 좋을지언정 이를 요구하는 시민의 목소리가 너무 커 시위 현장에선 수류탄이 날아다녔다.

천국은 없지만 그럼에도 한국의 노인복지는 발전할 필요가 있다. 청년 정책에 집중하는 만큼 노인은 배제돼 있다. 노인복지를 개선하지 않는다면 향후 쏟아지는 노인을 사회가 감당할 수 없다. 타국의 제도를 다 수용할 필요는 없지만 좋은 선례로 참고해 우리나라에 맞는 '더 나은' 복지제도를 만들 필요가 있다.

박완서의 〈옥상의 민들레꽃〉에선 고급 아파트인 궁전아파트 베란다에서 할머니가 두 명이나 자살한다. 엄마를 따라 대책 회의에 온 주인공 아이는 집값이 떨어질 것만 걱정하며 전전긍긍하는 어른들을 향해 "아줌마도 언젠간 노인이 되잖아요"라고 혼자 생각한다.

우리는 모두 노인이 된다. 이 글을 읽은 독자들이 해외 노인복지의 장단점을 균형 있게 수용해 더 나은 우리나라의 노인복지를 고민하길 바란다.

– 글 조민정 기자 – 통·번역 도움 이다윗 통역사 – 사진 조민정 기자, 이다윗 통역사

7 NETHERLANDS

- ● 수도　　　암스테르담
- ● 언어　　　네덜란드어
- ● 화폐단위　유로(EUR, €)
- ● 면적　　　415만 4,000ha 세계133위(2021 국토교통부, FAO 기준)
- ● GNI(1인)　5만 7,430달러(2022, World Bank
　　　　　　국민 계정 데이터, OECD 국민 계정 데이터 파일)

인구

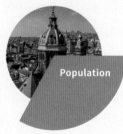

👤 단위: 명
출처: 통계청 <장래인구추계>

Population

2022년
17,564,000명

출산율

👤 단위: 명
출처: UN <세계인구전망 2022>
＊ 출산율=가임여성 1명당 명

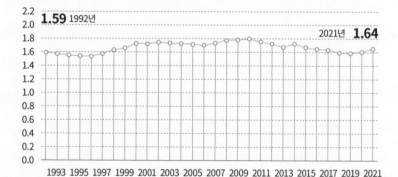

1.59 1992년

2021년 **1.64**

연령별 구성비

단위: %
기준: 2021년

● 0-14 ● 15-64 ● 65+

15.5%
64.5%
20.0%

기대수명

단위: 세   출처: UN <세계인구전망 2022>
＊ 기대수명=해당 년도 0세 출생자가 앞으로 생존할 것으로 기대되는
평균 생존 연수

👨 남자
👩 여자

1992
1993
1994
1995
1996
1997
1998
1999
2000
2001
2002
2003
2004
2005
2006
2007
2008
2009
2010
2011
2012
2013
2014
2015
2016
2017
2018
2019
2020
2021

83.4
2021년

80.0
2021년

연령별 구성비 30년 전/후

18.3%
68.7%
13.0%
1992년

→

15.5%
64.5%
20.0%
2021년

출처: UN <세계인구전망 2022>

유소년부양비와 노년부양비

👤 단위: 명(생산연령인구 100명당)   ● 유소년
출처: UN <세계인구전망 2022>   ● 노년

노령화지수
20 21
128.7명
출처: 통계청 <장래인구추계>
＊ 노령화지수=고령인구/
유소년인구 x 100

55
50
45
40
35
30
25
20
15
10
5
0

1992 1994 1996 1998 2000 2002 2004 2006 2008 2010 2012 2014 2016 2018 2020

＊ 유소년인구=0~14세, 생산연령인구=15~64세, 고령인구=65세 이상
＊ 유소년부양비=유소년인구/생산연령인구 x 100   ＊ 노년부양비=고령인구/생산연령인구 x 100

노동과 노인,
자본과 복지 사이,

네덜란드

조금은 낯선 네덜란드를 만나기까지

네덜란드 하면 으레 몇 가지 수식어가 떠오른다. 국토의 약 4분의 1이 해수면보다 낮은 나라, 운하의 나라, 자전거의 나라, 풍차의 나라, 튤립의 나라, 오렌지 군단의 나라, 하이네켄의 나라, 평균 신장이 가장 큰 나라, 노인이 많은 나라, 매춘 · 대마 · 안락사가 합법인 나라 등등… 기자 역시 이번 기획 취재를 기회로 네덜란드를 생애 처음 방문하기 전까지, 그간 교과서와 각종 미디어에서 보고 들은 바에 따르면 그랬다. 네덜란드(Netherlands) 국가명부터 '낮은(neder) 땅(land)'이라는 뜻이다.

2023년 상반기 이데일리 사회부 기자로 활동할 당시, 부서 차원에서 한국언론진흥재단 '2023년 언론진흥기금 기획 취재 지원사업'에 '대한민국 나이듦'이란 주제로 공모했다. 한국도 예외가 아닌, 고령화 사회가 빠르게 진행 중인 각 나라의 정책·경제·사회·문화 면면은 어떨까? 이런 출발에서 시작해 사건팀 6명이 각각 자유롭게 취재 대상 국가를 선정했고, 필자는 네덜란드를 골랐다.

이유는 위 묘사와 같은 나라에 사는 사람들의 모습이 궁금했기 때문이다. 특히 네덜란드가 다른 고령화 사회 국가보다 앞선 초고령화 사회(UN 기준에 따라 전체 인구 중 65세 이상 고령인구 비율이 20% 이상인 사회)에 이미 진입한 점과, 고령인구 증가와 함께 늘고 있는 치매인을 일상과 비슷한 환경 속에서 호스피스 케어(Hospice Care)하는 이른바 '치매인 마을' 탐방도 기획 배경이 됐다.

어느덧 6월 넷째 주, 출장길에 올라 처음 네덜란드에 왔다. 당장 월요일 아침 인터뷰부터 일주일간 좌충우돌 취재 시작이다.

정규직 파트타임 천국 60세도 "은퇴 아직 멀었죠"

"은퇴요? 지금 하는 일이 좋고 여전히 건강하기 때문에 아직 멀었죠. 35년 동안 여러 회사를 거치며 활동하고 있어요. 더 나이가 들면 파트타임으로 근무하거나 재능 기부하며 살아갈 계획입니다."

네덜란드 공공기관 브라반트 개발청(De Brabantse Ontwikkelings Maatschappij, BOM)에 근무하는 에드윈 존더(60세) 수석 프로젝트 매니저는 유럽 최대 무역항 로테르담에서 열리는 투자 유치 설명회 참석을 위해 이른 아침 기차에 몸을 실었다. 그는 푸른 셔츠에 청바지 차림으로 한 손에 커피와 가방을 들고 로테르담으로 향하는 기차 안에서 이데일리와 인터뷰를 통해 이같이 밝혔다.

그는 "직장 직원 100명 중 10명은 저 같은 55세 이상 고령층"이라며 "다양한 연령별, 직무별 협업이 활성화돼 있고 서로 수평적으로 포용하며 배우는 조직문화가 자리잡혀 있어 큰 무리 없이 정년 연장에 따라 지속 근로하는 분위기"라고 말했다.

급속한 고령화와 저출산으로 초고령화 사회에 진입한 네덜란드는 세계에서 가장 늙었지만 건강히 잘사는 나라 중 하나다. UN '세계인구현황'에 따르면, 네덜란드는 2023년 총인구 중 65세 이상 인구 비중이 20.73%로 이미 초고령화 사회(20% 이상)에 진

네덜란드 로테르담 센트럴역 앞에서 에드윈 존더 브라반트 개발청 수석 프로젝트 매니저가 이데일리와 인터뷰를 하며 고령화 사회에 대해 이야기하고 있다.

입했다. 평균 기대수명은 약 81.8세다. 대한무역투자진흥공사 (Korea Trade-Investment Promotion Agency, 이하 KOTRA)에 따르면 2022년 네덜란드 총인구는 약 1,770만 명, 1인당 GDP는 5만 7,840달러(약 7,565만 원)다.

특히 네덜란드는 인구 변화에 따른 각종 사회경제 정책 마련을 위해 지난 1950년부터 노·사·정 3자가 합의하는 사회경제위원회(SER)를 운영하고 있다. 1982년 루버스 내각이 추진한 경제개혁 아래 사용자협회와 노동총연맹이 시간제 고용 확대를 위해 체결한 '바세나르 협약(Wassenaar Agreement)*'이 대표적 성과로 꼽힌다.

네덜란드의 파트타임 근로는 한국에서 통념적인 저임금, 비정규직과는 엄연히 다른 '정규직'에 속한다. 풀타임(전일제) 근로자와 똑같이 근무 시간, 기간에 비례해 급여와 유급휴가를 받고 각종 복지와 권리가 주어진다. 그러다 보니 육아와 건강 또는 워라밸(워크 & 라이프 밸런스, 일과 삶의 균형) 등을 이유로 자발적 파트타임 근무가 늘었다. 이는 곧 노동시장의 유연성 및 고용률 신장과 함께 고령층의 지속가능한 근로를 이끌었다.

네덜란드 사회고용부(Ministerie van Sociale Zaken en Werkgelegenheid, SZW)에 따르면 2022년 네덜란드의 핵심 노동인구(25~54세)

❋ **바세나르 협약**

1982년 출범한 네덜란드 루드 루버스(Ruud Lubbers) 내각이 마이너스 성장과 높은 물가, 실업률, 과다한 복지 지출 등 이른바 '네덜란드 병' 치유를 위해 추진한 노·사·정 대타협. 임금 인상 억제와 시간제(파트타임) 근로제 도입, 근로 시간에 따른 차별 금지법 제정 등으로 경제 개혁을 이룬 성공적 사례로 꼽힌다. 바세나르는 네덜란드 행정수도 덴하그 북부 지역명이다.

고용률은 86.8%로, 한국(77.0%)과 OECD 평균(79.3%)보다 크게 높다. 정년 이전 고령층(55~64세) 고용률도 71.4%로, 한국(66.3%)과 OECD 평균치(61.4%)를 웃돈다. 2023년 7월부터 법정 최저임금(21세 이상 주 40시간 풀타임 근무 기준)은 시간당 11.51유로(약 1만 6,574원)다.

고상영 KOTRA 암스테르담 무역관장은 "네덜란드 노동시장은 고용률과 유연성이 높고 일손이 부족한 편이라 상시 채용과 수평적 파트타임 근무가 활성화돼 있다"면서 "정년까지 근면하게 일하면서 소득의 절반가량을 세금으로 내오다가, 은퇴 이후 연금 등 복지혜택과 모아둔 돈을 쓰며 여생을 즐기는 사회 분위기"라고 전했다.

기억 잃어도 일상은 잃지 않는 마을

치매에 걸려도 답답한 병원 대신 동네에서 평범한 여생을 보낼 수 있다면. 마음에 드는 옷차림으로 마실 나가 맑은 하늘과 날씨를 만끽할 수 있다면. 이웃과 함께 식사와 커피를 즐기며 담소를 나누면서 노래하고 연주하며 그림도 그릴 수 있다면 어떨까.

고령화 사회를 사는 치매 노인들에게 이와 같은 소박한 바람이 현실이 된 곳이 있다. 네덜란드 수도 암스테르담 센트럴역에서 기차와 도보로 약 30분 거리에 있는 근교 도시 비스프(Weesp)에 위치한 '호그벡(호헤베이크, The Hogeweyk)'. 이곳은 중증 치매인들이 한 마을처럼 모여 사는 세계 최초의 '치매 마을'이다.

네덜란드 보건복지체육부(Ministerie van Volksgezondheid, Welzijn en Sport, VWS)에 따르면 75세 인구 중 80% 이상이 만성질환을 가지고 있고 치매 비율도 갈수록 늘고 있다. 이에 노인들이 집에서 더 머물며 세심한 보살핌과 요양시설 서비스 질 향상 등을 위한 '노인 돌봄을 위한 협약'을 2018년 3월 체결했다.

병동 대신 집 같은 일상생활

호그벡 치매 마을은 의료복지 비영리기업 비비움(Vivium)그룹의 자회사 비 어드바이스(Be Advice)사가 운영한다. 1970년부터 이곳에서 여느 병원처럼 운영되던 호그베이(Hogewey) 요양시설을, 비 어드바이스가 2002년부터 마을 형태 호스피스 타운 건설을 시작해 2008년과 2010년 2단계에 걸쳐 치매 마을 호그벡으로 탈바꿈시켰다.

호그벡은 암스테르담 시내 거리 한곳을 그대로 옮겨 놓은 듯했다. 광장엔 잘 깔린 보도블록을 따라 세워진 가로수와 벤치는 물론 곳곳에 위치한 건물엔 레스토랑과 바, 카페, 마트, 극장, 미용실, 음악실, 체육관, 액세서리숍 등이 들어서 있었다.

이곳 공동설립자이자 총괄관리자 엘로이 반 할 선임 고문은 직접 호그벡 투어를 진행하며 "이곳에 거주하는 사람들은 치매 환자가 아니라 '치매인'으로 명칭한다"면서 "누구나 겪을 수 있는 치매를 단지 치료해야 하는 환자로 대하는 의학적 접근이 아닌, 평범한 일상을 똑같이 살아갈 수 있는 권리를 보장하는 사회적 접근으로의 전환"이라고 소개했다.

실제 이곳에선 환자복 대신 평상복을 입은 노인들이 자유롭게 거리를 걷고 쇼핑을 하며 이웃과 인사를 나눴다. 마치 치매에 걸리지 않은 평범한 사람들의 일상처럼. 낯선 외부 동양인을 반기기라도 하듯 호기심 찬 눈인사와 함께 어디서 왔느냐고 인사를 건네는 거주민들도 있었다.

한 야외 테이블엔 마치 오랜 노부부처럼 보이는 남녀 한쌍이 다정하게 붙어 앉아 함께 아이스크림과 커피를 즐겼다. 할 고문은 "저 둘은 실제 부부는 아니고 여기서 만났는데, 서로 취향이 잘 통하는지 매일 커플처럼 붙어 다닌다"고 귀띔했다.

카페에서 쉬고 취미도 마음껏, 환자 아닌 사람으로

대지 면적 약 1만 5,000㎡으로 자리 잡은 호그벡에는 편의시설 건물동을 제외하고 27개의 집이 2층 건물로 마련됐다. 평범한 가정 같은 한 집마다 비슷한 문화권과 생활양식을 가진 7명의 치매인들이 입주해 동작 감지 설비가 마련된 공간에서 생활한다. 한 집당 요양사가 아침 2명, 낮 1명, 오후 2명, 야간 1명씩 교대로 상주하며 이들을 밀착 관리하고 관리팀이 요리와 청소, 빨래 등 생활을 돕는다. 치매인 1명당 홈케어 인력은 0.87명 꼴이다. 호그벡에는 현재 평균 연령 85세의 치매인 188명이 흰 가운 대신 일상복을 입은 의사, 요양사, 관리인 등 260여 명의 의료진과 함께 생활하고 있다. 이 마을의 목표는 치매인들이 '똑같은 삶'을 계속 살아갈 수 있도록 하는 것이다. 따라서 입주자들의 자발적 일상생활 영위를 극대화하면서, 의료진의 개입은 최소화하는 게

원칙이다. 평범한 일상을 그대로 구현하려다 보니 입주자 1명당 거주비, 인건비, 운영비, 약제비, 식비 등 통틀어 연간 약 8만유로(약 1억 1,400만 원)의 비용이 든다.

하지만 호그벡을 포함한 네덜란드 요양시설 입주자들은 비용을 해당 기관에 직접 납부하지 않는다. 호그벡의 경우 내부 마트와 식당 등 편의시설을 이용해도 직접 돈을 지불하지 않는다. 기본적으로 제공되는 서비스 이상을 소비하면 월 단위로 입주자 혹은 가족이 사후 정산한다.

네덜란드의 요양시설은 한마디로 전액 세금으로 운영되는 국가 복지다. 일반 시민들이 평소 개별 소득, 자산과 가족 상황에 따라 적게는 월 180유로(약 25만 원)부터 많게는 월 2,500유로(약 355만 원) 수준까지 책정된 요양비를 납부하면, 정부가 각 요양시설 거주자 규모와 일수에 비례해서 운영비 등 예산을 일괄 지급하는 방식이다.

국가 사회보장 시스템으로 운영되다 보니 아무리 돈이 있고 원한다고 해서 아무나 입주할 수 있는 건 아니다. 정부와 의료기관에서 깐깐한 심사를 거쳐 중증 치매 판정을 받아야 비로소 입주 자격이 주어진다. 현재 호그벡에는 밀려 있는 대기자가 4명이고 입주까지 평균 6~10개월이 소요된다. 거주 치매인들은 이곳에서 평균 2년 6개월가량 머물며 여생을 마무리하는데, 호그벡 의료진이 생애 말기 치료와 돌봄 서비스를 끝까지 책임진다.

할 고문은 "호그벡은 중증 치매인이라도 평소에 즐겨 하던 걸 금지하지 않는다. 핵심은 삶을 어떻게 바라보는가에 대한 관점의 차이"라며 "치매인들에게도 앞으로 평범한 일상을 살아갈 이유와 권리를 부여하는 것으로, 호그벡의 콘셉트는 각 국가별 사회제도에 맞춰 확산 가능할 것"이라고 조언했다.

네덜란드 치매 요양시설 호그벡 마을에 입주한 치매인들이 자전거를 타고 산책하고 있다.

호그벡 마을에 입주한 치매인들이 내부 음악실인 모차르트룸에서 피아노를 치며 노래하고 레스토랑에서 음식과 주류를 즐기며 대화하고 있다.

호그벡 마을
광장 전경.

호그벡 마을에
입주한 치매인들이
내부에 마련된
마트에서 쇼핑을
하고 있다. (사진
제공 비비움)

호그벡 마을 총괄관리자
엘로이 반 할 선임 고문이
인터뷰하며 운영 철학과
시설을 소개하고 있다.

"정년 채우면 연금 충분하고 노인 일자리 많아 노후 걱정 없죠"

네덜란드는 2014년 사회협약을 통해 조기은퇴 방지, 근로유인
강화, 연금제도 개편 등 고령자의 고용 가능성 확대에 나섰다.
특히 사망률 감소 및 기대수명 연장으로 공공연금 수급 연령을
2014년 65.2세에서 2024년 67세까지 단계적으로 늦췄다. 이후
로도 기대수명과 연동해 자동 연장될 수 있도록 관련 제도를 개
정했다.

네덜란드의 대표적 공공연금은 '국민보험'으로 불리는 노령연금
(Algemene ouderdomswet, AOW)이다. 네덜란드 사회고용부에 따
르면 사회보험은행(Sociale Verzekeringsbank, SVB)이 정년 이후
모든 자국 내 거주자에게 15세부터 실거주 기간에 비례해 현재
(2023년 7월 1일 시행 기준) 1인당 월 최저임금의 최고 70% 수준
인 1,458.15유로(약 210만 원, 세전, 1인 가구 기준)를 지급한다.
또 자녀 양육 부담을 덜어주기 위해 자녀 1인당 출생부터 17세까
지 매월 261.7유로(약 38만 원)에서 373.85유로(약 54만 원)를
지급하는 아동수당도 대표적이다.

이 밖에도 장애연금, 유족연금, 의료보험, 실업급여(부조) 등 여
러 복지성 공공연금을 제공한다. 직장과 직업군별로 운용해 퇴
직 후 제공하는 민간연금과 기금은 별도다. 교육 시스템도 대부
분 국공립으로 고등학교까지 무상교육이고, 대학 학비도 저렴한
데다 장학금, 생활비, 교통비 지원 제도가 잘 갖춰져 있다.

그러다 보니 부모들의 자녀 양육 부담이 적고 노후에 대한 걱정

도 낮은 편이다. 주거비도 가처분소득 대비 저렴하고 대체로 안정돼 있어 부담이 덜하다. 실제 네덜란드 수도 암스테르담과 행정수도 덴 하그(Den Haag, The Hague, 헤이그) 거리에서 만난 시민들은 각자 주어진 환경에서 지속 근로한 뒤, 은퇴 이후 연금으로 안락한 생활을 기대했다.

네덜란드 대표 가전브랜드 필립스사에 다니는 30대 여성 직장인 레슈미 사르카 씨는 "지금도 직장에 고령 근로자들이 많고 저 역시 60대까지 일할 생각"이라며 "은퇴 후 남편과 함께 예금과 연금으로 오붓하게 살아갈 수 있을 것"이라고 말했다. 부동산 에이전시에 근무하는 50대 여성 아니타 드 프라이스 씨는 "사장은 정년 나이보다 훨씬 많은데 왕성하게 일을 하고 있다"면서 "직업에 만족하고 자전거로 출퇴근하며 몸도 건강해 정년까지 계속 일할 예정"이라고 밝혔다.

건축설계 컨설턴트 40대 남성 데이브 씨는 "10년 안에 은퇴해 자유롭게 여행하면서 낚시와 스포츠를 즐기며 사는 걸 오래전부터 계획해왔다"면서 "인플레이션으로 물가에 대한 막연한 우려는 있지만, 충분히 노후 자금을 모아뒀고 부족하면 집을 세놓으면 된다"고 했다. 얀 반 바이크(69세) 씨는 "연금으로 생활하고 있는데 별 걱정은 없고 환경이 중요하다"면서 "주변에 70, 80세 넘어서도 경험을 살려 소일거리로 파트타임 근무하는 노인들도 상당하다"고 전했다.

노인들이 건강한 네덜란드 사회엔 자전거도 한몫한다. KOTRA에 따르면 네덜란드는 인구(약 1,770만 명)보다 자전거(2,290만

네덜란드 암스테르담 시내 중심상업지구 월드트레이드센터(WTC) 인근 역 앞에 마련된 자전거 거치대 구역에 무수히 많은 자전거들이 주차돼 있다.

대)가 많은 전 세계 유일한 국가다. 국토가 대부분 평지에 자전거 전용도로도 잘 갖춰져 있어 시민들은 자동차보다 자전거를 훨씬 많이 애용한다. 일상에서 건강과 친환경 습관이 자연스레 스며든 것이다.

"양질의 '노동 수명' 늘리는 사회 합의 · 제도 필요"

"네덜란드 정부에서 '라이프 러닝 카탈리스트(Life Learning Catalyst, 생활 학습 촉진)' 프로젝트를 출범시켰습니다. 새로운 기술 · 직업 훈련 등 평생 교육을 통해 재취업 촉진, 확산으로 지속 근로 환경을 증진하기 위함이죠. '회색화(Vergrijzing, 고령화 사회를 뜻하는 네덜란드어)'에 맞게 양질의 노동 수명을 연장하고 생산성을 높이는 훈련을 위한 제도적 활성화가 필요합니다."

욥 스히퍼스 네덜란드 위트레흐트대학교(Universiteit Utrecht) 경제학부 교수는 고령화 사회에 따른 노동시장 변화에 대해 이같이 강조했다. 그는 1978년부터 위트레흐트대학에서 유럽 고용 · 노동시장에 대한 연구와 강의를 이어온 노동경제학 석학이다. 네덜란드 학제 간 인구통계연구소(Nederlands Interdisciplinair Demografisch Instituut, NIDI) 명예 제휴 연구원이자, 2020년부터 국가교육연구위원회(Nationaal Regieorgaan Onderwijsonderzoek, NRO) '프로젝트 교육 · 노동시장(POA)' 프로그램위원회 의장도 맡고 있다.

스히퍼스 교수는 "전 세계적으로 평균 기대수명은 늘었지만 출산율 감소로 젊은 신규 인력의 노동시장 진출이 줄어들면서, 전통적인 세대 교체에 따른 인력 대체가 원활히 이뤄지지 않고 있다"면서 "여전히 건강하고 생산성이 있고 경험이 풍부한 60대 이상 노령 직원들의 고용을 연장, 유지하는 경우도 늘고 있다"고 진단했다.

그러면서 "네덜란드 정부도 최근 사회적 합의로 국민보험 노령연금 수령 연령(정년)이 2013년 이전 65세에서 2023년 기준 67세(66년 10개월)로 늘어났고 앞으로도 계속 단계적 연장될 예정"이라며 "실제 산업 현장에서 정년 이후에도 개인과 회사의 필요에 따라 계속 근로하는 경우를 감안하면 평균 은퇴 연령이 4년 더 올라간 효과가 있다"고 분석했다.

스히퍼스 교수는 사회적 합의에 따른 제도의 변화가 노동자들은 일터에서 더욱 오래 머물 수 있는 동기를 부여하는 동시에, 고용주들은 일할 사람이 부족한 상황에서 조직의 인적 자원 활용에

네덜란드 위트레흐트 대학교에서 욥 스히퍼스 경제학부 교수가 이데일리와 만나 고령화 사회 노동시장에 대해 인터뷰하고 있다.

도움이 된다고 했다.

그는 "현재 네덜란드 사회에서 고령층 중 적어도 4분의 1은 정년까지 근로하고 있고 비율이 매년 증가하고 있다"면서 "여전히 건강한 지식 노동자로서 양질의 일자리가 있다면 단지 67세가 넘었다는 이유로 일을 그만둘 필요가 없는 지속 근로를 위한 주요 동기가 되는 것"이라고 말했다.

그러면서 "노동시간을 줄이고 기존 임금의 75~80%를 받는 '정규직 파트타임' 근로 형태도 보편화돼 있다"며 "퇴직 후 생활 학습 '라이프 러닝 카탈리스트' 교육을 통해 새로운 산업 분야나 조직에 재취업할 수 있다"고 했다.

그는 이어 사회적 합의에 따른 일터에서 매년 정년 연장으로 자발적 지속 근로 분위기가 형성되면서, 정부에서도 젊은층 인구 비중 감소에 따른 일손 부족과 국가에서 의무적으로 지급하는 퇴직연금 지출 등 부담을 더는 효과도 있다고 분석했다.

스히퍼스 교수는 "최근 네덜란드 의회에서 민간연금과 기금을 운용하는 조직의 범위와 규모를 확대하는 법안이 통과됐다"며 "민간 기업과 단체 등에서 정년 연장과 함께 관련 보장을 넓혀 지속 근로 확장을 유인하도록 하고, 이는 정부의 세수 확대 등으로 이어지면서 사회보장 재원 확보를 늘려 부담을 낮추는 취지"라고 설명했다.

[취재 노트] 네덜란드에서 못다 한 뒷이야기

고령화 사회를 살아가는 네덜란드인들에게 생활 체육이 일상화돼 있는 모습은 우리 한국 사회와 사뭇 다른 모습이었다. 전체 인구(약 1,770만 명)보다 자전거(2,290만 대)가 많은 전 세계 유일한 나라인 점이 이를 방증한다. 이들에겐 자전거가 최우선 이동수단이다보니, 도로에서도 우선순위가 '자전거 > 보행자 > 자동차' 순이다. 자전거가 지나갈 땐 보행자와 자동차가 먼저 멈추거나 비켜줘야 한다.

네덜란드에서는 병원에 가고 싶어도 함부로 갈 수 없다. 동네 곳곳에 있는 가정의학과 '홈닥터'의 진단과 진료 의뢰가 있어야만 진단서를 가지고 병원에 갈 수 있는 구조다. 수술을 요하거나 중증 질환이 아닌 경증일 경우, 대부분 일상에서 운동 등 생활 체육과 식이 요법을 권하는 정도의 상담과 처방을 받는다고 한다.

그래서인지 네덜란드에서는 동네 곳곳에 스포츠센터 등 체육 시설이 잘 갖춰져 있고 누구나 저렴하게 이용할 수 있다. 평일 오후 시간임에도 클럽 몇 개만 담긴 하프백과 단출한 차림으로 지하철을 타고 근교 퍼블릭 골프장에 운동 삼아 가는 젊은 세대부터 노년층까지 다양하게 눈에 띄었다. 네덜란드가 세계에서 가장 키가 큰 나라인 이유가 이 때문일까. 참고로 네덜란드 남성의 평균 신장은 무려 약 183㎝(여성은 약 170㎝)다. 전 세계 평균(약 170㎝)을 훌쩍 넘는 수준으로 알려져 있다.

암스테르담에서 만난 네덜란드 한인회 윤원 회장은 은퇴 후 삶에 대해 다음과 같이 전했다. 그는 1973년에 이주해 현지 글로벌 기업에서 근무 후 2023년 정년퇴직했다.

"네덜란드에서는 노동과 소득 여부에 관계없이, 자국 내 거주 기간(납세 기간)을 기준으로 내국인뿐만 아니라 이주민과 외국인에게도 모두 국가 연금을 지급해요. 근로자의 경우 직장에서 제공하는 퇴직연금은 별도에 자녀가 성인이 되기 전까지 양육비, 교육비 명목으로 아동수당도 지급하죠. 동네 곳곳마다 저소득 또는 노인 등 취약계층이 일정 기준에 따라 신청하면 상대적으로 저렴한 비용으로 거주할 수 있는 집도 제공해요. 진료 등 요양 관리가 잘 돼 있어서 비싼 요양원에 들어가지 않더라도 노후에 큰 걱정은 없는 것이죠."

길거리 시민 인터뷰를 통해 네덜란드 도시 곳곳에서 만난 다양한 현지인들의 생각도 대체로 비슷했다. 이들은 한결같이 노후에 대한 큰 걱정 없이, 현재 주어진 삶에 만족하며 충실히 살아가고 있었다. 은퇴 후 새로운 삶을 이미 준비하고 있는 시민들도 여럿이었다.

하지만 네덜란드가 노후와 복지에 있어서 그저 장밋빛 사회만은 아니라고 현지인들은 말한다. 필자와 인터뷰를 한 욥 스히퍼스 네덜란드 위트레흐트대학교 경제학부 교수는 다음과 같이 조언했다.

"네덜란드가 고령화 사회에 대비한 재교육 등 사회적 제도가 잘 마련된 편이라고 해도 그렇게 장밋빛은 아닙니다. 환상만 가져서는 안 됩니다. 많은 사람들이 아직 퇴직하지 않았기 때문에 퇴직 후에 어떻게 행동할지 아직 모르고, 자동적으로 계속 일을 할 수 있는 것은 아니기 때문입니다. 때로는 고용주에게 고령의 노동자가 스스로 여전히 직원으로서 유용하다는 것을 설득하기 위해서는 많은 에너지가 필요하기도 합니다. 이 밖에도 점점 늘고 있는 자영업자와 프리랜서 등 개인사업자의 경우 정년 없이 계속 일하는 새로운 노동 형태이기 때문에, 이들이 은퇴할 시점에 사회가 어떻게 변화하고 제도가 뒷받침할 수 있을지는 시간을 가지고 지켜봐야 합니다. 가장 중요한 건 사회 구성원이 노동 인구로서 계속 생산성을 높이고 고도로 숙련된 양질의 근로자가 될 수 있도록 계속 직능 훈련을 시키며 초고령화 사회를 살아갈 준비를 해야 하는 것입니다."

암스테르담에서 마케팅 에이전시를 운영하고 있다고 밝힌 30대 남성 샘 씨는 "정부가 노동자들의 지속 근로를 유도해 소득세와 소비세 등 안정적인 세수 확보를 위한 저변을 확대하는 측면도 있을 것"이라며 "고령화 사회를 노동시장과 함께 어떻게 다뤄야 할지 앞으로 풀어나가야 할 주요한 과제"라고 말했다.

실험적 모델인 '치매인 마을' 호그벡을 만나기 전까지 궁금증은

이랬다. 실제 마을과 흡사한 시설에서 일상생활을 하듯 치매 요양이 어떻게 가능할까. 흡사 영화 '트루먼 쇼'의 현실판 같달까. 사실, 취재를 위한 투어 섭외까지 우여곡절(?)이 꽤 있었다.

케이스 스터디 차원의 보도를 위해 취재를 요청했지만, '인터뷰+투어' 2시간 30분 코스 985유로(약 140만 원), 종일 코스 2,950유로(약 418만 원)의 비용(모두 부가세 별도)이 발생한다는 회신을 받았다. 이마저도 1주일 출장 기간 중 단 하루, 지정된 날만 가능했다. 세계 각국 관련 기관에서 호그벡을 벤치마킹하기 위해 기꺼이 이와 같은 비용을 지불하고 시찰을 온다고 한다. 호그벡을 운영하는 의료복지 비영리기업 비비움그룹의 자회사이자 컨설팅 기업인 비 어드바이스가 자신들의 선도적 모델을 내세운 마케팅이자 수입원인 것이다.

한편으로는 이해되면서도, 비용을 지불해가며 취재할 정도는 아니라는 내부 판단에 포기 의사를 전했다. 그러자 300유로(약 42만 원)의 할인가(?)로 다시 제안이 왔다. 논의 끝에 마침내 조건 없이 호그벡 사례를 취재하고 보도할 수 있었다.

호그벡에 있어 분명한 점은 전 세계적인 고령화 사회에서 늘고 있는 치매 문제에 대한 확실한 지향점과 운영 철학을 가졌다는 것이다. 하지만 단순한 수익구조 등 자본의 논리로 접근하면 성공하기 쉽지 않은 모델이기도 하다. 네덜란드 정부가 오랜 기간 쌓아온 복지 정책과 조세 체계를 바탕으로 일부 실험적으로 실행할 수 있는 모델이라는 판단이 든다. 네덜란드 안에서조차 모든 요양시설을 호그벡과 같은 시스템으로 획일화할 수 없는 이유이기도 하다.

고로 현재 국내에 케이스 스터디 차원에서 개념을 공유할 순 있지만, 정책과 사업적 측면에서 벤치마킹 여부는 사회적으로 시간을 가지고 충분히 논의가 이뤄져야 할 것으로 보인다. 네덜란드에 뒤이어 조만간 초고령화 사회 진입을 앞둔 대한민국의 나이듦. 현재 자화상과 미래 청사진은 어떻게 그려야 할까.

- **글, 사진** 김범준 기자
- **통·번역 도움** 김선영, 이해성

"미래 노동시장은 고령자와 여성에 달렸다"

겐조 에이코 교수

"일본에서는 60세 이상의 고용 확대와 여성의 취업률을 높이는 정책이 효과를 발휘하고 있다." 일본 노동경제학자인 겐조 에이코 아시아대 교수는 이데일리와의 인터뷰에서 저출산·고령화로 인한 일본의 생산인구 감소 문제 타개법을 이같이 소개했다.

저출산 고령화 직격탄 생산인구 확대 해법은

생산가능인구가 감소한다는 것은 부가가치를 생산할 노동력이 줄어든다는 것을 의미한다. 아울러 부양 부담 확대와 총인구 감소 등으로도 이어질 수 있다. 이 같은 상황은 소비 시장 위축과 기업의 투자 유인 축소를 가져올 수 있다. 또 정부로서는 근로소득세 등 조세 수입이 줄어드는 반면 고령층을 위한 연금·재정 지출은 늘려야 하는 상황을 맞닥뜨리게 된다.

대한민국은 이에 대한 경고장이 속속 날아들며 위기감이 높아지고 있다. 2022년 합계출산율은 0.78명을 기록했고 생산가능인구 대비 65세 이상 노인 비중을 의미하는 노인부양비는 2030년 25.5%로 상승한 뒤 2050년 40.1%로 치솟을 것으로 전망되고 있다. 국민연금의 고갈 시점은 2055년으로 2년 당겨졌다. 이 같은 상황에 국제 신용평가사 무디스(Moody's)는 2023년 발표한 국가

신용등급 평가보고서에서 저출산·고령화 여파로 한국 경제의 성장 엔진이 꺼질 수 있다고 경고했다.

저출산 고령화를 먼저 겪은 일본은 어땠을까? 겐조 교수는 "(일본은) 지금까지 취업자 수 감소가 그다지 크지 않았다"라고 말했다. 고령화를 겪고 있지만, 고용은 오히려 증가해서다.

그 이유는 여성 고용정책에서 찾을 수 있다. 일본 정부는 여성 활약 추진 정책을 꾸준히 추진하는 등 이에 대해 일찌감치 대비해왔다. 그 결과 35~39세 여성의 경제활동 참가율이 2010년 66.2%에서 2019년 76.7%로 상승했다. 우리나라의 30대 여성 경제활동 참가율은 68.3%에 그치고 있다. 겐조 교수는 "정부 정책의 초점이 양보다 질적 향상"이라며 "여성 관리직 비율 향상과 남녀 간 임금격차 축소 등 여성의 활약 추진을 비롯한 다양한 정책을 추진하는 등, 더 매력적인 일하는 방식의 제공에도 노력하고 있다. 외국인노동력 활용에 대해서도 이전보다 긍정적으로 보고 있다"고 사회 분위기를 전했다.

그는 청년을 위한 양질의 일자리 확보도 이뤄져야 한다고 봤다. 그는 "청년에겐 경제적인 자립이나 커리어 형성이 중요하므로 우선은 양질의 고용 확보가 우선돼야 한다"라며 "장차 전망이 있는 직업이 없으면 결혼이나 출산, 육아 등 가족 형성에도 지장이 있다. 청년 세대가 일하기 쉽고, 육아하기 쉬운 환경을 조성하는 것은 저출산 대책으로도 이어지는 것이어서, 정부가 해야 할 최우선 과제"라고 강조했다. 이어 "우린 '노동력 희소 사회'를 맞고 있다"며 "노동력의 질적인 면에 (정부나 기업이) 관심을 두지 않을 경우, 각 기업은 노동력을 확보할 수 없을 것"이라고 경고했다.

日 고령자 계속고용제도, 만족도 '뚝' 보완 필요

정년 연장을 비롯한 '고령자 고용 확대'도 생산인구 확대 노력의 다른 한 축이다. 정년(停年)은 일정한 연령에 도달하면 근로자의 근로계약 의사나 능력과 상관없이 근로계약을 종료하기로 정한 제도다. 현재 우리나라 민간기업 정년은 60세다. 문제는 우리나라 인구에서 큰 비중을 차지하는 베이비붐세대(1955~1963년)가 한꺼번에 노동시장에서 물러나고 있다는 점이다. 이들이 은퇴하며 산업 현장 여기저기에서는 '숙련공 부족'으로 신음하고 있다.

겐조 교수는 "일본은 단카이세대(1947년~1949년생)가 60세가 되는 시기를 내다보고 60대 초반의 고용확보조치를 추진해왔다"며 "60세 이후에도 일하는 사람들이 늘고, 숙련된 노동자를 활용하는 형태로 이어지고 있다"고 설명했다.

일본이 단카이세대는 현재 75세 내외로 이들은 일터에 오래 머무른 후 자리에서 물러나고 있다. 이미 베이비붐세대의 은퇴를 지켜만보고 있는 우리의 상황과는 크게 다르다. 겐조 교수는 "정년 연장의 경우 앞을 내다보면서 방향성을 제시하며 추진하는 것이 중요하다"고 짚었다.

일본은 이미 1970년대부터 고령화 사회에 대한 우려가 커지며 55세 정년에서 56~59세 정년으로 전환했다. 1990년대에는 연금개혁을 통해 지급 개시 연령이 65세로 연장되자, 정부는 고령자고용안정법을 개정해 기업이 정년을 60세 미만으로 정할 수 없도록 했다. 2006년부터는 65세까지의 고용 확보를 의무화했고 2021년부터는 70세 고용 노력 의무가 시행 중이다.

일본의 고령자고용확보조치(정년 연장, 정년 폐지, 계속 고용)는

99.9% 기업이 실시하고 있다. 희망자 전원이 66세 이상까지 일할 수 있는 기업 비율은 2018년 10.6%에서 2020년 12.7%로 상승한 상태다. 그리고 60대 2명 중 1명은 풀타임으로 근무하고 있다. 하지만, 만족도는 떨어지고 있다. 일본의 노동정책연구·연수기구 보고서에 따르면 60대 근로자의 근무 만족 답변은 37%에 불과했다. 10명 중 6명 이상이 불만족스럽다고 답한 것이다. 57%가 기존에 하던 일을 계속하고 있었지만, 임금은 정년 전의 60~70%로 낮아져서다.

겐조 교수는 "도입 당시 반대하던 사용자 측도 스킬을 가진 고령자를 저임금으로 고용할 수 있어 전체적으로는 만족하고 있는 듯하다"면서도 "근로자의 경우 임금에 대한 만족도가 낮아 동기부여 저하로 이어지고 있다. 이건 풀어야 할 과제"라고 짚었다. 이어 "한국도 일본의 계속고용제도와 같은 시스템을 도입하게 되면 고용의 질이 높아지지 않을 수 있다"며 "어떤 제도를 도입할지는 잘 생각해봐야 할 것"이라고 조언했다.

겐조 에이코 교수는

일본 도쿄 아시아대학 경제학부 교수. 게이오기주쿠대학 상학부를 졸업하고 동대학에서 박사학위를 받은 뒤 암스테르담대학에서 경제학 박사학위를 취득했다. 2007년에는 일본 내 일과 삶의 균형에 관한 연구위원회 위원을 맡았고, 지난 2019년에는 후생노동성 중앙최저임금협의회 위원직도 역임했다.

– 글 이지현 기자

"정년 연장으로 일할 인구 늘리고, 일터도 고령 친화적 환경 조성 필요"

이삼식 인구보건복지협회 회장

일본에서는 2007년 대규모 은퇴자 때문에 골치를 않았다. 베이비 붐세대로 불리는 단카이세대의 정년퇴직이 본격화했지만 그들의 일자리를 물려받을 청년 수가 적어, 기업들이 고용 부족에 시달리게 됐기 때문이다. '2007년 문제'라는 키워드가 생겼을 정도로 큰 사회적 이슈였다. 일본은 문제 해결을 위해 정년을 60세에서 65세로 늘리며 일하는 인구를 확대했다.

한국도 일본과 비슷한 과정을 밟아가고 있다. 제2차 베이비붐세대(1968년~1974년생) 정년이 10년 안으로 다가왔으나, 이들의 일을 이어받을 청년 인구는 현저히 적어 고용 부족이 닥칠 위기에 놓였다. 국내 2차 베이비부머의 인구는 약 635만 명인 반면 예비 경제활동인구(2005년~2013년생)로 불리는 청년들은 고작 418만 명에 불과하다. 약 200만 명이 차지하던 일자리는 빈자리로 남게 된다.

2030년 노동인구 부족 시기 도래

인구학 전문가인 이삼식 인구보건복지협회 회장은 '국내 정년 연장 논의를 지금부터 시작해야 한다'고 조언한다. 특히 앞선 선진국들의 사례를 되짚어 봤을 때, 지금부터 시작해야 미래 경제인구 부족 현상을 막을 수 있다는 설명이다.

이 회장은 "인구학적 구조를 보면 전 세계적으로 전쟁을 겪은 나라가 베이비붐 현상을 겪는다"며 "전쟁 이후에 태어난 세대에 교육이나 복지 등 많은 것을 쏟아붓기 때문에 출산율이 오른다"고 말했다. 이어 "그러나 그 뒤부터는 국가가 재정적 압박으로, 뒷세대에 대한 지원을 차별화하기 시작한다. 의도적으로 출생자 수를 줄이게 되는 것"이라며 "이렇게 되면 앞 세대가 은퇴한 이후부터 노동력 부족이 생겨나게 되는데 이 때문에 많은 나라들이 정년 연장 등의 정책을 편다"고 전했다.

한국도 마찬가지로 전쟁을 겪은 국가다. 한국전쟁 직후에 생겨난 1차 베이비붐세대는 이미 은퇴를 했지만 그들이 낳은 자녀들의 규모가 상당했다. 이들이 바로 2차 베이비부머다.

이 회장은 "현재 2차 베이비붐세대가 노동시장의 주축으로 청년 세대에게 갈 일자리가 돌지 않고 있다"며 "그러나 2차 베이비붐 세대가 정년을 맞는 2030년대 초중반이 되면, 노동 인력이 본격적으로 부족해지는 시기가 온다"고 말했다. 이어 "이를 따져봤을 때 한국의 정년 연장은 지금부터 시작해야 한다"며 "시스템적으로 노동력이 부족하다고 일시에 5년을 한꺼번에 올릴 수는 없고 2년마다 1세씩 (정년을) 올려 10년 정도 기간을 둬야 한다. 그러면 경제인구 부족이 다가오는 2030년과 정년 연장이 궤를 같이할 수 있게 된다"고 전했다.

선진국들은 일찌감치 정년 연장을 시작했다. 미국은 1978년 정년을 70세로 올렸고 1986년에는 정년이라는 개념을 없애버렸다. 정년을 정하는 것 자체가 나이에 따른 차별이라는 이유에서다. 영국도 2011년 연령 차별을 방지하는 차원에서 정년을 없앴다. 일본은 정년이 65세지만 근로자가 원할 경우 70세까지 일할 수 있다. 독일은 2029년까지 정년을 65세에서 67세로 늦추고, 프랑스는 62세에서 64세로 늘리는 방안을 추진 중에 있다.

한국은 정년 연장에 대한 필요성은 인지하고 있지만 아직 구체적인 논의 테이블에는 오르지 못한 상태다. 특히 청년 실업이 심각한 사회적 문제로 대두 되고 있어 반발이 심하기 때문이다.

이삼식 회장은 "이론적으로 총량 고정이라고 해서 일정 수준의 일자리가 있는데 (경제 인구가 풍부하게 되면) 세대 갈등의 문제가 불거지게 된다"며 "원만한 사회라면, 고령자들이 현직에서 퇴직한 뒤 자원봉사 등 사회적 일자리 자원으로 활용되겠지만 아직 우리나라는 그런 주기에 도달하지는 않은 것 같다"고 진단했다.

고령 친화적으로 산업환경 만들어야

이 회장은 정년 연장을 위해서는 오랜 사회적 합의가 필요하고, 정년 연장에 필요한 노동 시스템의 변화도 일궈야 한다고 조언한다. 그는 "정년이 60세에서 65세로 연장되면 생활 체계는 물론 일하는 시스템도 바꿔야 한다"며 "근로자의 나이가 많아지면 연구인력, 사무인력은 괜찮을지 몰라도 블루칼라 근로자, 산업 현장에서 일하는 사람들의 경우 산업재해 등이 심해질 수 있다. 그래서 작업 장소를 고령 친화적으로 만들어 나가는 방안이 필요하다"고 설명했다. 그러면서 "보통 노르웨이 등 많은 유럽 국가들을 살펴보면 그들은 어떻게 하면 고령자의 근무 여건이 개선될 수 있는 지를 고민한다"며 "우리나라는 인사 경력에 이력이나 능력을 주로 보지만 유럽은 건강과 능력 등 별도의 인덱스를 만들어 관리한다"고 부연했다.

특히 이 회장은 정부가 힘을 쏟고 있는 돌봄교육에 대해 케어의 목적보다는 노동시간과 함께 변화를 이끌어내야 한다고 주장했다. 그는 "노동시간은 부모의 시간이고 보육돌봄은 아이의 시간인데 현재 두 개의 이음새가 제대로 연결이 돼 있지 않다"며 "한쪽(정부)에서 열심히 돈을 투자하고 많은 걸 해도 노동 쪽에서 변화가 없으니 서로 엇박자가 난다. 즉, 시간적 사각지대가 발생했다고 봐야한다"고 말했다. 아울러 "2차 베이비붐세대가 일시에 퇴직하는 시기를 타깃해서 정년 연장을 설정한다면 0.78명(2022년 말 기준)이라는 낮은 출산율도 다시 움직일 여지가 있다"며 "다만 앞서 말한 사회구조, 대책 등을 내실화해야 한다는 전제조건이 깔려야 할 것"이라고 덧붙였다.

이삼식 회장은

인구보건복지협회 회장. 한국 대표 인구학자로 한양대학교 고령사회연구원장을 겸임하고 있다. 이 회장은 UN-ARE Cairo Demographic Center에서 인구학 석사학위(M.Phil)를 취득했고 한양대학교에서 인구학 전공 사회학 박사를 받았다. 또한 한국보건사회연구원 선임연구위원, 저출산·고령사회위원회 평가위원, 한국인구학회 회장 등을 역임하고 현재 저출산·고령사회위원회 운영위원으로도 참여하고 있다.

- 글 전선형 기자

당신은
어떻게
나이 들고
있습니까?

펴낸 날	초판 1쇄 발행 2023년 12월 22일
회장·발행인	곽재선
대표·편집인	이익원
편집국장	이정훈
지은이	이데일리 편집보도국('대한민국 나이듦' 특별기획팀)
진행·편집	이데일리 미디어콘텐츠팀
디자인	베스트셀러바나나
인쇄	엠아이컴
등록	2011년 1월 10일(제318-2011-00008)
주소	서울시 중구 통일로 92 KG타워, 이데일리
E-mail	edailybooks@edaily.co.kr

가격	20,000원
ISBN	ISBN 979-11-87093-27-5 (03330)

당신은
어떻게
나이 들고
있습니까?